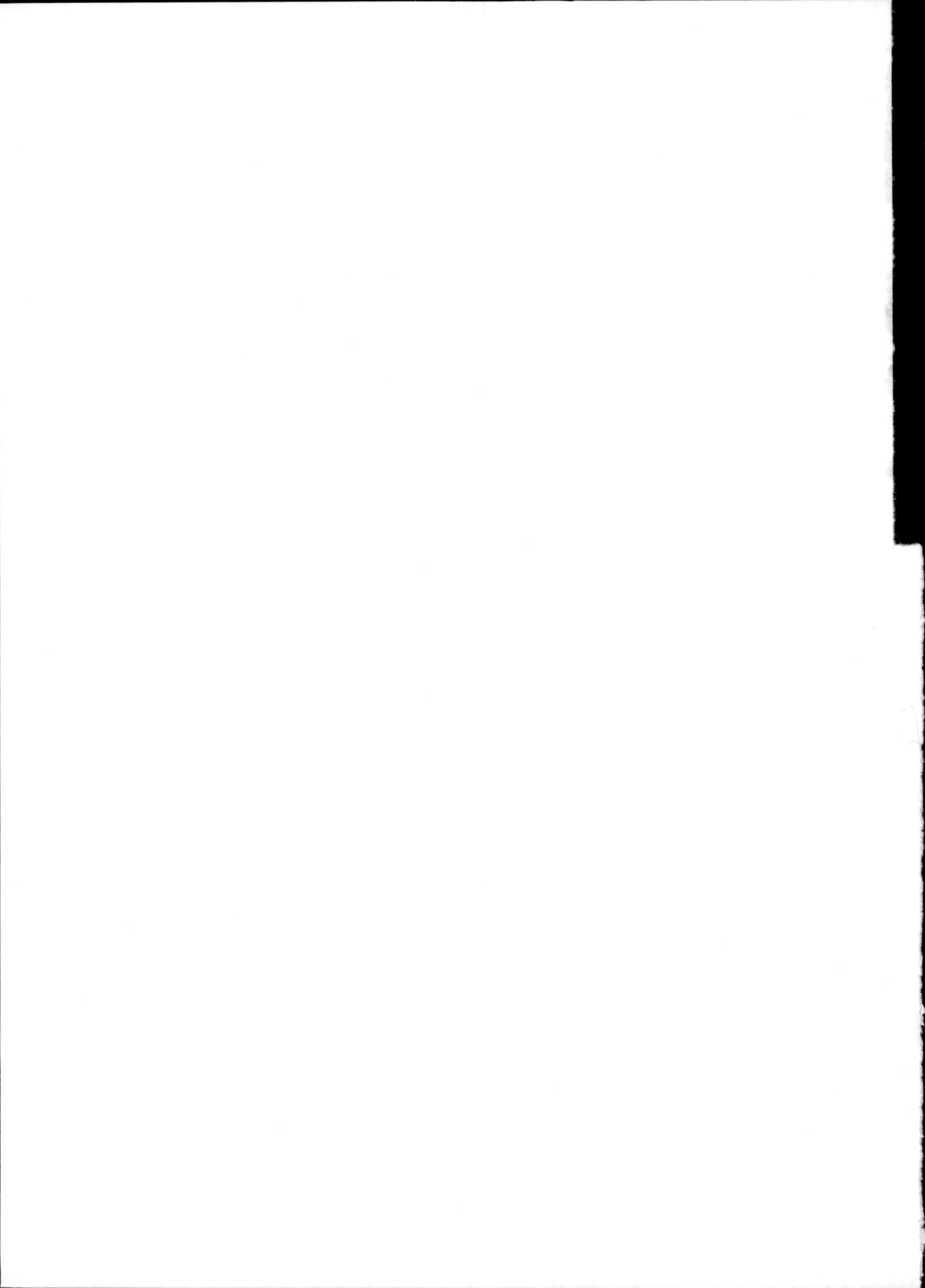

# 国际经济金融实践对我国的启示

姚淑梅  著

中国言实出版社

**图书在版编目（CIP）数据**

国际经济金融实践对我国的启示 / 姚淑梅著 . -- 北
京：中国言实出版社，2019.11
ISBN 978-7-5171-3236-3

Ⅰ . ①国… Ⅱ . ①姚… Ⅲ . ①中国经济—研究②金融
—研究—中国 Ⅳ . ① F12 ② F832

中国版本图书馆 CIP 数据核字（2019）第 252531 号

| | | |
|---|---|---|
| 出 版 人 | 王昕朋 | |
| 总 监 制 | 朱艳华 | |
| 责任编辑 | 赵　歌 | |
| 责任校对 | 张　朕 | |
| 出版统筹 | 冯素丽 | |
| 责任印制 | 佟贵兆 | |
| 封面设计 | 刘　云 | |

出版发行　中国言实出版社
　　　　　地　　址：北京市朝阳区北苑路 180 号加利大厦 5 号楼 105 室
　　　　　邮　编：100101
　　　　　编辑部：北京市海淀区北太平庄路甲 1 号
　　　　　邮　编：100088
　　　　　电　话：64924853（总编室）　64924716（发行部）
　　　　　网　址：www.zgyscbs.cn
　　　　　E-mail：zgyscbs@263.net
经　　销　新华书店
印　　刷　北京虎彩文化传播有限公司
版　　次　2020 年 3 月第 1 版　　2020 年 3 月第 1 次印刷
规　　格　710 毫米 ×1000 毫米　1/16　12.75 印张
字　　数　194 千字
定　　价　38.00 元　　ISBN 978-7-5171-3236-3

# 前　言

自 20 世纪 30 年代大危机起，西方主要工业国政府向完全竞争市场伸出了干预之手。自此，政府与市场的边界成为政学商界关注的焦点。在理论偏好、国内外环境变化、技术进步等因素影响下，西方发达国家政府的认知和作为不断演变。与此同时，政府之手延伸至全球经济治理领域，使全球经济治理体系成为推动世界文明进步的重要平台。本书选择了近百年时间里，主要发达国家政府在国有经济布局、汇率管理、宏观调控、环境治理、民生保障以及全球经济治理等部分领域的经验和教训，以期对我国在经济金融领域的政策实践提供借鉴。本书共分为七篇十一章，基本架构如下：

**国有经济篇**。本篇包括两章内容：第一章主要聚焦发达国家特别是法国、英国、德国、意大利和瑞典等西欧国家，沿着理论思潮、国内宏观经济基础、国际经济与规制环境以及技术进步的逻辑框架展开，分析了主要发达国家"二战"后至 20 世纪 70 年代末国有经济发展的动因和布局、20 世纪 80 年代初至 90 年代末国有经济布局大调整的原因和主要方式、2000 年以后发达国家国有经济布局调整的特点及趋势，力图从宏观的、动态的视角出发，得出有关国有经济布局的通用性的、对我国有借鉴意义的启示。此外，本章还纳入了对日本和韩国私有化经验的分析，以及俄罗斯国有企业改革的情况。第二章系统分析了 TPP 国有企业条款的主要特点，考虑到尽管美国退出 TPP，但全面继承 TPP 有关国企条款的 CPTPP 已生效，长期看，TPP 确定的国企条款可能在更大范围中适用。为此，须深入剖析 TPP 国企条款对我国的核心约束点，并从争夺规则主导权、加快国企改革、完善外资管理体制、更好发挥民企在走出去中的作用等方面予以应对。

**汇率管理篇**。本篇包括三章内容：第三章回顾了美日欧等主要国际货币经济体自"二战"后从布雷顿森林体系时期的维护固定汇率，到浮动汇率时期的名义汇率价格调整，一直到逐渐放弃干预汇价、交由市场并依靠独立货币政策为货币定价的汇率管理历程，对其干预外汇市场的动因、成效、教训进行了总结，并从汇率管理的角度对完善人民币国际化相关体制机制提出具有借鉴意义的相关建议；第四章对人民币国际化进程和发展前景进行了回顾和展望；第五章对人民币汇率制度的变革进行了总结。总体看，随着人民币在境外使用规模和范围的扩大，人民币汇率管理将成为越来越突出的宏观课题。

**宏观调控篇**。本篇第六章主要研究美国宏观调控实践经验及启示。美国政府宏观调控的实践始于20世纪30年代大危机时期的罗斯福新政，但直到1946年《就业法案》出台，才首次明确联邦政府宏观调控的职责，并确立了履行相关职责的程序和政策。此后，在反经济周期和应对危机的宏观调控实践中，美国财政和货币政策在调控规则、理论依据、调控手段等方面历经变迁，积累了丰富的经验和教训。尤其在应对2008年金融危机中，美国政府出台大力度宏观调控措施，创新多项货币政策工具，财政政策深度介入微观经济运行，干预频率之高和幅度之大远超以往的实践和惯例，是宏观经济管理中最具借鉴意义的经典案例。

**环境治理篇**。本篇第七章聚焦莱茵河、田纳西河两个案例，简要梳理了莱茵河流域治理的经验和教训，重点研究了田纳西河管理局将流域治理与区域经济发展协同推进的经验和教训，对其运行机制、治理理念、操作模式、成就与失误等进行分析和探讨。从莱茵河和田纳西河流域治理实践中，对推动长江经济带上中下游协同发展提出依法治水、开放治水、标杆治水、科学治水等相关建议。

**民生保障篇**。本篇第八章主要聚焦新加坡等国在养老、医疗和教育三个领域的经验。新加坡拥有完善的社会保障体系，其公共卫生医疗、养老、住房等保障均处世界一流水平，在政府强力引导下，在商业保险模式和全民保险模式中寻求平衡，避免了高福利国家弊病，同时发挥个人和市场作用，运转高效且具可持续性。此外，新加坡教育多元化成就突出，已成为亚洲甚至国际教育中心。日本在应对老龄社会方面是最成熟的国家，在服务模式、智能养老等领域处于世界领先地位,其医疗制度被世界卫生组织视作楷模。新加坡和日本的相关经验具有极高的借鉴价值。

**全球经济治理篇**。本篇包括两章内容:第九章对"二战"以来全球经济治理体系演变的历史进行系统梳理,对驱动全球治理体系演变的主要动力包括国际力量对比、技术进步、全球化等进行了深入分析,并对全球经济治理体系之所以能够推动经济全球化深入发展的经验进行总结;第十章对中国参与全球经济治理40年的进程和成效进行了回顾,并对我国提升制度性话语权,推动全球经济治理更加公平、包容、高效提出相关建议。

**战略展望篇**。第十一章作为本书终章,从百年未有之大变局的视角出发,指出未来特别是我国"十四五"时期,世界经济增长格局、新一轮技术革命和产业变革、国际贸易投资规则、全球经济治理体系、国际货币金融体系、全球能源格局等正处深刻调整和变革期,我国发展面临的外部环境更加复杂严峻,在迎来重大机遇的同时,挑战的多重性和艰巨性前所未有。从战略层面出发,本章提出促进形成强大国内市场、持续释放内需潜力,有序化解各类风险隐患、坚决避免发生系统性区域性风险,紧抓第四次工业革命重大机遇、提升科技创新能力,推动全方位对外开放、培育国际经济合作和竞争新优势,积极参与全球治理、提升制度性话语权和国际影响力,全力保障能源供给安全、深入推动绿色发展等六个方面的建议。

本书所有观点和建议仅代表作者本人,不当之处,欢迎批评指正!

姚淑梅

2019 年 9 月 30 日

# 目　录

## 国有经济篇

## 汇率管理篇

## 宏观调控篇

## 环境治理篇

# 民生保障篇

# 全球经济治理篇

# 战略展望篇

# 国有经济篇

# 第一节　概念、数据及逻辑框架

## 一、国有经济的概念界定

本文讨论的国有经济布局意指"国有企业的规模和结构，即在国民经济各行业（非农业）中的分布和比重"。按照国际货币基金组织的分类方法，国有企业可分为以下三种主要类型[①]：

一是由政府部门直接经营的部门企业，这类企业的财务和会计账目至少部分与政府预算有直接联系；

二是按照特殊法律条文创办和经营的国有制企业，这类企业可能完全归政府所有，或者政府以特殊方式对其实施控制；

三是按照公司法成立的国有企业，政府对这类企业拥有足以保证其控制力的股份。

上述国有企业并不仅限于中央政府一级所属，地方政府也拥有大量国有企业。

## 二、有关数据的解释

本文使用的数据主要来自世界银行相关研究报告、经济合作与发展组织（OECD）和欧洲公营企业中心（European Centre of Public Enterprises，CEEP）的调查数据。具体情况如下：

### （一）世界银行相关数据

20世纪80年代全球掀起一股国有企业研究热潮，包括世界银行在内的专门机构出版了系列研究报告。由于在各国的统计数据中，国有企业相关统计

---

① 参见"亨利·帕里斯、皮埃尔·佩斯蒂奥和彼得·赛诺《西欧国有企业管理》"，第3页，东北财经大学出版社，1991年3月版。

数据从未被单独列出，因此世行报告凸显出国有企业数据的严重匮乏和不统一①。一些国家有零星的关于中央政府所属的国有企业数据，但这些数据并未囊括所有行业的企业，而且对国有企业的界定也不一致；此外，几乎所有国家都没有地方政府所属国有企业的统计数据。因此，不同国家国有企业的数据不具有横向比较意义。尽管如此，这些数据还是可以从一定程度上说明相关国家国有经济布局的规模和特点。

**（二）经济合作与发展组织（OECD）相关数据**

2005 年 4 月，经济合作与发展组织（OECD）推出《国有企业公司治理指引》，受到 OECD 成员国和非成员国政府的广泛认可。2006 年，OECD 在问卷调查基础上，形成了《国有企业公司治理原则：对 OECD 成员国的调查》研究报告。尽管在统计口径、统计范围存在较大差异，但该报告提供的调查数据仍是有史以来有关国有企业最完整和最新的（2003 年数据）。此后 OECD 的报告主要专注于国有企业公司治理情况的跟踪调查，根据其后续报告中的一些零星数据，通过与 2006 年报告数据进行纵向比较，对当前相关国家国有经济布局情况进行的粗略推算是符合逻辑的。

**（三）欧洲公营企业中心（CEEP）相关数据**

欧洲公营企业中心（CEEP）针对公共服务部门情况发布一些调查数据，这些数据涵盖欧盟 27 国的医疗、社会保障、教育、水电气供应等部门，统计范围远远大于 OECD 及世界银行国有企业口径，但从这些数据的变化中，仍可以总结欧盟国有经济布局变化的一些特点。

## 三、逻辑框架

依据国有企业改革特点及发展进程，本章所做国际比较按照以下框架展开，具体包括："二战"后至 20 世纪 70 年代末主要发达国家国有经济发展的动因和布局；20 世纪 80 年代初至 90 年代末国有经济布局大调整的原因和主要方式；2000 年以来发达国家国有经济布局调整的特点及趋势；结论与启示。

---

① 世界银行是研究国有企业的权威机构，其研究成果主要集中在 20 世纪 80 年代中期和 90 年代初期。

# 第二节 "二战"后至20世纪70年代末主要发达国家国有经济发展的动因和布局

## 一、国有经济崛起的动因

### （一）理论溯源

1. 社会主义理念是国有经济发展的理论基础之一。19世纪欧洲工人运动风起云涌，以工人利益为代表的具有社会主义意识形态的政党纷纷成立，如英国的工党、德国社会民主党、法国社会党、瑞典的社会主义工人党等，建立公有制企业是其理论上的经济目标之一。如英国工党章程中提出，党的目标是"在生产资料公有制和尽量完善的公共管理及控制各种工业或者事业的制度基础上，为体力或脑力劳动者取得劳动的全部成果以及可能实行的最公平的分配"①。20世纪30年代后，一些社会主义政党登上执政舞台。然而，从具体实践看，虽然社会主义政党在执政期间建立了一些国有企业，对一些私人企业进行了国有化，但并没有实施广泛的国有化政策。究其原因，当社会主义政党通过议会斗争成为执政党后，将面对所有选民而不是局限于工人阶级，在协调雇主和雇员、生产者和消费者、宏观和微观、国内和国际等多方利益以争取选民支持的过程中，建立国有企业的能力和意愿都受到限制。综观西欧国家国有企业发展历程，可以得出以下结论，即意识形态促进了国有企业的建立，但并不是一个主要因素。

2. 国家干预理论兴起是国有经济发展的核心理论支撑。国家直接干预经济虽然自古有之，但是直到20世纪30年代经济危机后，政府干预理论才逐渐与实践结合并不断完善。"凯恩斯主义"成为西方主流经济学说，为政府干预经济提供了理论支撑，推动了战后"混合市场经济"（私营经济和公营经济混合发展的经济体制）快速发展。政府干预理论来自潜在的市场失灵的观点，

---

① 参见"亨利·帕里斯、皮埃尔·佩斯蒂奥和彼得·赛诺《西欧国有企业管理》"，第5页，东北财经大学出版社，1991年3月版。

如源于自然垄断、公共物品、福利物品和外部性等。作为凯恩斯理论的核心代表人物，保罗·萨缪尔森在《经济学》中写道，"为弥补市场机制缺陷，各国都采用政府的看得见的手，与市场看不见的手并行。即，政府凭借拥有和经营某些企业（如军工）以取代市场；政府控制一些企业（如电话公司）；政府花钱用于宇宙探索和科学研究；政府对其公民征税并再分配收入给贫困人群；政府运用财政金融力量以促进经济增长和熨平经济周期"。可见，对凯恩斯主义经济学思想的接受和广泛认可才是战后推动国有企业大规模发展的理论基础。

**（二）自然垄断行业需求**

典型的自然垄断行业有电力、天然气和铁路等，这些行业对规模经济要求很高，只有产品由一个垄断生产商提供时才能实现成本最低，但是，如果由私人垄断则会降低产量和提高价格。在有些国家，"公用事业"专指自然垄断行业。所有国家都在自然垄断领域建立国有企业。

**（三）财政垄断动机**

国家对某些行业实行专卖制度，目的是为了最大限度地征集税收增加财政收入，提高政府财政管理能力。如瑞典政府对烟草实行专卖，目的是为了支付老年退休金计划；对葡萄酒和酒精行业实行专卖是为了在消除酒类生产的私人逐利动机和保证国家获利的同时限制国民酒精消费。奥地利政府对烟草、酿酒以及制盐业实行专卖，法国、意大利也对烟草实行专卖制度。

**（四）填补私人部门不愿或者无力进入的产业**

由于许多项目规模宏大、资本密集、对技术要求高，并且大量使用资源，国内私营部门没有能力或者不愿涉入，而出于多种原因，对外资的进入实行限制。在这种情况下，国有企业成为唯一选择。

**（五）发展战略性产业**

如矿产资源、钢铁、通信、军工、核电、航空航天以及其他高技术领域，这些行业对提高国家经济和社会发展能力至关重要，政府都会通过建立国有企业实行程度不同的控制。

**（六）推动工业重组**

"二战"结束时，欧洲主要国家工业体系被摧垮。为了迅速恢复工业生产，政府通过组建新企业和没收一些私人企业（战时为纳粹服务的企业）进入广泛的工业领域。此外，为了稳定经济发展、维持就业水平或者控制物价等宏观经济目标，政府经常采取措施营救濒临破产的私人企业。如，法国政府 1978 年动用巨款营救两家最大的钢铁公司，意大利国有采矿公司曾买下 40 多家私人公司，涉及远洋、保险和机械等广泛领域，奥地利国家银行于 1980 年接管了一家照相机和幻灯机制造厂，瑞典 1978 年接管最后一家私人造船厂等。

### （七）促进市场竞争

建立国有企业有时是为了给私人部门提供更好的竞争环境。一种方式是政府通过建立国有企业打破私人垄断。另外一种方式是政府通过提供更好的基础服务，促进私人部门的竞争和发展。如英国电力国有化之前，有 500 多个独立供电企业，标准不统一，当时仅伦敦就存在 17 种直流电压和 20 种交流电压[①]，政府通过实行国有化，打破地方企业之间的壁垒，统一标准，为上下游企业以及电器行业的竞争和发展优化了环境。

### （八）协调地区发展

为了促进落后地区发展，政府通过建立国有企业带动地方经济增长和就业。如意大利南方公司，通过在落后地区经营业务和建立制造业工厂，成为南部地区工业化的主要动力，尽管对其最终效果的评价褒贬不一，但是在一段时间内它对平衡地区发展的贡献还是公认的。

表 1-1　"二战"后国有企业发展的主要动因（来自西欧主要国家的实践）

| 主要动因 | 影响 |
| --- | --- |
| 国家干预理论兴起，"凯恩斯主义"成为主流经济学 | 建立国有企业，推动"混合经济体制"发展的主要理论支撑 |
| 社会主义理念在经济领域的体现 | 具有社会主义意识形态的各政党在经济领域的执政理念之一，但在实践中只是国有企业发展的促进因素 |

---

① 参见"亨利·帕里斯、皮埃尔·佩斯蒂奥和彼得·赛诺《西欧国有企业管理》"，第 15 页，东北财经大学出版社，1991 年 3 月版。

续表

| 主要动因 | 影响 |
|---|---|
| 自然垄断 | 所有国家都建有国有企业 |
| 财政垄断 | 对烟草、制盐、酒类等实行专卖 |
| 私人部门不愿或者无力进入的产业以及战略性产业 | 钢铁、能矿资源开发、核电、航空航天、高技术等领域建立国有企业 |
| 工业重组 | "二战"后国有资本重建工业体系、没收战时为纳粹服务的企业、接管濒临破产的私人企业 |
| 促进市场竞争 | 国家新建企业打破私人垄断、通过基础设施行业整合促进相关企业竞争和发展 |
| 协调地区发展 | 在落后地区建立国有企业 |

资料来源：作者整理。

## 二、国有经济布局演变

### （一）国有企业行业分布

"二战"后至 20 世纪 70 年代末期，西欧国家国有经济快速扩张，但总体看，国有企业在国民经济中所占比重并不高。但是，在能源、通信、运输等国民经济基础行业中，国有经济占重要地位。在金融行业，国有企业发挥主体作用。在制造业中，国有企业占次要地位，但控制一些重要产品的生产。20 世纪 70 年代中期后，国有企业的扩张主要发生在高端制造业。

表 1 - 2 是部分西欧国家国有经济部门分布的情况，从中可对这一时期国有经济布局的情况做一粗略了解。

表 1 - 2　20 世纪 70 年代末西欧九国国有企业部门分布

| 部门 | 案例 |
|---|---|
| 银行、信用和保险行业 | **法国**：国有化银行和金融公司在全国储蓄存款和短期贷款中占比 90% 以上，在商业贷款中占很大比重<br>**联邦德国**：国有制银行占银行存款余额比例超过 50%，国有保险公司业务量占全行业业务量比重稳定在 10%—16% 之间<br>**荷兰**：国有邮政银行活期存款市场占有率为 34% |

续表

| 部门 | 案例 |
|---|---|
| 通信业 | 邮政业均属国家所有,电信业除英国外也是如此 |
| 能源行业 | 在煤、电力、天然气、石油等领域,国有企业占重要地位<br>**联邦德国**:国有企业承担电力生产总量的83%和需求供应总量的89%<br>**意大利**:1976—1981年间,国有企业电力、煤气和自来水占全国总产量的90%以上<br>**法国**原子能发电、**荷兰**泥煤资源开发都是国企经营 |
| 公共运输业 | 国有航空公司占重要地位,铁路运输实行国家所有制,公共汽车行业主要由地方国有企业经营,水运交通主要是国有企业。此外,国有制机场和港口也很普遍 |
| 制造业 | 钢铁和相关行业中都有国有企业,英国、法国和意大利大多数汽车制造企业是国有企业 |

注:西欧九国指法国、意大利、联邦德国、英国、荷兰、瑞典、奥地利、比利时和爱尔兰。

资料来源:"亨利·帕里斯、皮埃尔·佩斯蒂奥和彼得·赛诺《西欧国有企业管理》",东北财经大学出版社,1991年3月版。

世界银行20世纪80年代中期的研究报告中,曾对13个国家国有企业进行案例分析,得出这些国家在部分工业行业中国有经济的分布情况,可以看出,国有经济在通信、钢铁、化肥、采矿业的分布普遍较为广泛(参见表1-3)。

**表1-3　部分国家工业行业国有经济分布情况(1984年)**

| | 纺织 | 电子 | 石化 | 水泥 | 汽车 | 采矿 | 化肥 | 钢铁 | 通信 |
|---|---|---|---|---|---|---|---|---|---|
| 法国 | · | : | : | ○ | : | : | :: | ∵ | :: |
| 意大利 | ○ | : | · | ○ | | : | ∵ | ∵ | : |
| 奥地利 | ○ | : | — | | :: | | :: | :: | :: |
| 瑞典 | · | ○ | ○ | ○ | ○ | : | :: | : | :: |
| 葡萄牙 | ○ | · | ∴ | :: | · | · | ∵ | :: | :: |
| 以色列 | ○ | : | · | ○ | ○ | — | :: | ○ | :: |

续表

| | 纺织 | 电子 | 石化 | 水泥 | 汽车 | 采矿 | 化肥 | 钢铁 | 通信 |
|---|---|---|---|---|---|---|---|---|---|
| 印度 | · | ： | ： | · | · | ∴ | ∴ | ∴ | ∷ |
| 巴西 | ○ | · | ： | ○ | ○ | ∴ | ∴ | ∴ | ∴ |
| 巴基斯坦 | ○ | · | ∴ | ∴ | · | ∷ | ∷ | ∷ | ∷ |
| 加纳 | — | ○ | ○ | ∴ | — | — | — | — | ∷ |
| 突尼斯 | ： | ○ | ： | ∷ | ∷ | ∴ | — | ∷ | ∷ |
| 赞比亚 | ： | — | ： | ： | ： | ∷ | ∷ | ∷ | ∷ |

注：○全部为私有制，·公有制占 25%，： 公有制占 50%，∴ 公有制占 75%，∷公有制占 100%。

资料来源：世界银行《公有制工业企业成功的决定因素》，第 9 页，中国财政经济出版社，1987 年 6 月版。

### （二）国有企业规模变化

20 世纪 70 年代中期，世界银行对 77 个国家的国有企业规模进行了调查统计。粗略计算，包括美国在内国有企业产出占国内生产总值的比重为 9.5%，投资占固定资本形成的比重为 16.5%。其中，发展中国家国有企业产出占 GDP 比重为 17.5%，投资占资本形成比重为 27%，比发达国家分别高出 1 个百分点和 16 个百分点。不过，世行报告承认，该统计数据适用性较差。

从西欧国家看，国有企业发展的顶峰为 20 世纪 80 年代初期，此后转入私有化改革阶段。英国从 20 世纪 70 年代末期开始启动大刀阔斧的国企改革规划，1981 年起开始大规模实施。在此期间，法国于 1982 年社会党执政期间再次进行了大规模国有化。一直到 1986 年，法国才启动大规模私有化改革。表 1-4 和表 1-5 为各国国有企业规模情况，通过国有企业增加值占 GDP 比重、占固定资本形成的比重、占就业比重三个指标来衡量国有经济的规模。很遗憾，由于数据来源不一，同一个国家国有经济情况在表 1-4 和表 1-5 差异很大。本文特意将两个表格列出，以求为了解国有经济规模提供尽可能多的信息。

表1-4 非金融领域国有企业规模

| 国家 | 增加值占 GDP 比重（按要素成本计算） | 在固定资本形成中比重 | 在非农部门就业中的比重 |
|---|---|---|---|
| 法国 | （1983）17%（按市场价格计算） | （1978－1981）12.1% | — |
| 英国 | （1981）10.9%（含金融机构） | （1978－1981）17% | （1980）8.5% |
| 联邦德国 | （1979）1% | （1978－1979）10.8% | （1980）4.2% |
| 意大利 | （1978）7.5%（按市场价格） | （1979－1980）15.2% | （1980）2.5% |
| 比利时 | — | （1978－1979）13.1% | （1980）7.5% |
| 荷兰 | （1973）3.6% | （1978）12.6%（含股市） | （1980）1.1% |
| 爱尔兰 | （1982）8.0% | （1978）11.8% | （1978）8.8% |
| 瑞典 | | （1978－1980）11.4% | （1979）3.4% |
| 澳大利亚 | （1978）9.4%（含地方国企） | — | （1980）2.8% |
| 日本 | — | （1978－1980）11.4%（含股市） | （1980）1.6% |
| 韩国 | （1977）6.4% | （1978－1980）22.8%（含股市） | （1981）2.5% |
| 印度 | （1978）10.3% | （1978）33.7% | （1977）17.7% |
| 墨西哥 | （1978）7.4%（部分统计） | （1978）29.4% | — |
| 巴西 | — | （1980）22.8% | — |

资料来源：Managing State-Owned Enterprises, Mary M Shirley, WORLD BANK STAFF WORKING PAPERS Number 577.

表1-5 西欧部分国家国有经济占国民经济的比重

| | 增加值占 GDP 比重（%） | 占固定资本形成（%） | 占全国总就业比重（%） |
|---|---|---|---|
| 联邦德国（1982） | 10.7 | 14.7 | 8.9 |
| 意大利（1981） | 25.1 | 49.7 | 26.8（雇员20人以上企业就业中的比重） |
| 法国（1982） | 17.6 | 34.3 | 14.6（非农就业） |

| | 增加值占 GDP 比重（%） | 占固定资本形成（%） | 占全国总就业比重（%） |
|---|---|---|---|
| 英国（1982） | 12 | 20 | 7.4% |
| 奥地利（1982） | 17.8 | 21 | 14% |
| 瑞典（1983） | — | — | 7% |

资料来源："亨利·帕里斯、皮埃尔·佩斯蒂奥和彼得·赛诺《西欧国有企业管理》"，东北财经大学出版社，1991 年 3 月版。

# 第三节　20 世纪 80 年代初以来国有经济布局大调整的原因、目标、方式及效果

## 一、20 世纪 80 年代初以来国有经济布局大调整的原因

20 世纪 70 年代末，英国保守党执政后，开始酝酿大规模国有企业改革。在做好充分的舆论宣传和小规模私有化实践后，于 1981 年开始大规模国有企业改革，成为 20 世纪 80 年代以来国有企业改革大潮的领军者。此后，西欧国家纷纷加快私有化进程。1990 年后，苏联和东欧社会主义国家开始了由计划经济向市场经济转型的大变革，成为融入私有化浪潮的新进入者。20 世纪 90 年代末，私有化步入低潮。进入 21 世纪后，私有化断断续续地推进，但其领域和方式与 20 世纪 80 年代和 90 年代相比发生明显变化。2005 年和 2006 年，在全球股市繁荣期，一些政府将部分大型国企的股份出让，掀起了又一波私有化浪潮。2008 年金融危机爆发后，私有化进程停滞，国有化作为维护金融稳定、阻止经济崩溃的应急利器再次被发达国家政府使用。

发生这一切的原因是什么？正如我们需要从理论、国内国际环境等多视角探讨国有经济扩张的动因一样，对于发生在 20 世纪 80 年代至当前这一持续 20 多年的私有化，同样需要从理论、国内国际环境、技术进步等多个维度去思考其背后的动因。本文将其总结为五点：

### （一）从"政府干预"转向"重回市场"的理论思潮

"二战"后，凯恩斯主义的经济理论和政策主张深深影响着各国政府的宏

观调控思维和模式，但是，随着时间推移，政府深度干预宏观经济运行遭遇了重挫。各国实践证明，政府运用财政和货币政策进行"反经济周期"操作，其结果往往加大了周期性波动。随着20世纪70年代"滞胀"的普遍来临，凯恩斯主义宏观调控走入绝境。各国经济停滞不前，通胀高企，政府数次工资与物价管制最终成为通胀推手。当人们逐渐聚焦于"政府调控低效或者无效"时，"重回市场"成为共识。供给学派、货币主义和放松管制等理论渐成主流，减少政府干预、让市场机制充分发挥配置资源的作用成为发达国家政府的共同选择。其中，国有企业私有化正是这种理念在实践中的体现。

在更宏观的层面上，如日本，将国企改革视为实质性地调整国家行政职能的重要抓手，即把国企改革视为"行政改革"的一项核心内容。此外，苏联和东欧国家计划经济体制逐渐走向终结的过程，从意识形态方面也对重新定位计划和市场、国有和私人关系带来巨大影响。

**（二）国有企业普遍亏损使政府财政不堪重负**

20世纪70年代以后，各国国有企业普遍出现大面积亏损现象。与此同时，由于屡屡采取扩张性财政政策，政府累积了高额财政赤字。国有企业不仅不能成为政府的税源，反而需要大量财政补贴。改革国有企业、甩掉部分财政包袱成为20世纪80年代初私有化的直接动因。

**（三）国际环境发生深刻变化**

首先，20世纪80年代后全球化步伐加快，国际贸易领域的激烈竞争使国企低效问题更加突出。国际资本更加便捷的跨国流动对打破部分行业的国企垄断、降低行业准入壁垒带来压力，如20世纪80年代日本国企改革的一个重要原因就是来自欧美开放市场的压力，为应对市场开放后的竞争，日本加快了国企改革以增强产业整体竞争力。

其次，地区一体化进程促进了国企改革。20世纪70年代后，欧洲一体化进程快速推进，英国、丹麦、爱尔兰等国纷纷加入欧共体，1992欧盟成立。欧共体对成员国一直力推消除私人和政府部门对自由竞争设置的壁垒，欧共体在1980年6月的"透明度"指令中首次界定国有企业概念，欧共体"竞争法"明确禁止国家利用职权为国企谋取利益，要求除"带来普遍公众利益的服务企业和具有财政垄断性质的企业"①，无论是依据公法还是私法成立的国企一律适用一般竞争性原则，对推动国企改革起到极大的促进作用。另外，《马斯特里赫特条约》对欧盟成员国政府财政进行了制度性约束，推动政府改革国有企业以减轻财政负担、增加财政收入。

最后，一些国家是在金融危机后，将国有企业私有化作为经济改革举措的部分内容。如拉美地区在20世纪70年代债务危机、20世纪90年代金融危机后都掀起私有化浪潮，韩国在1997年金融危机后也加大了国有企业改革的力度，启动了针对大型国有企业的私有化行动（Special Act on Privatization），一直持续至今。

### （四）产业结构调整要求和技术进步影响

随着工业化进程完成，发达国家面临产业结构调整的任务，"二战"后国有资本大规模进入的竞争性领域出现产能过剩，相关产品已由卖方市场转为买方市场。由于国有企业既不退出亦不破产，不仅妨碍通过市场机制淘汰过剩产能，而且财政持续投入加大了整个行业的产能过剩，也弱化了政府资本向新兴产业投资的能力。因此，正如"二战"后国有资本进入这些行业是为了工业重组一样，20世纪80年代起产业结构调整的必要条件恰恰是国有企业从竞争性领域退出。

此外，随着技术进步，一些战略性行业进入难度降低，加之私人资本力量增强，私人部门要求打破国企在这些行业的垄断，营造公平竞争环境；与此同时，技术进步也使传统上的自然垄断行业发生变化，一些网络行业能够拆分，必须由国有企业垄断的观点已缺乏说服力，国有企业私有化逐渐沿着竞争性领域、非竞争性领域、自然垄断行业的路径展开。

### （五）政府管理模式变化

前已述及，政府建立国有企业的动因还包括通过对企业行为的直接干预维护市场竞争秩序以及增进国民福利。但是，随着国际间竞争规则的趋近，以及政府社会保障体系的不断完善，国家可以通过规制和社保来维护竞争秩序和提高国民福利，这是发达国家国有资本逐渐退出工业领域，更多地朝公共服务领域集中的重要动因。

---

① 《欧共体条约》第86条，1998年生效的《阿姆斯特丹条约》第90条。

表1-6　20世纪80年代后国有企业私有化的主要动因

| 动因 | 影响 |
|---|---|
| 从"政府干预"转向"重回市场"的理论思潮（货币主义、供给学派、放松管制、计划经济实践失败等影响） | 减少政府干预、让市场机制充分发挥配置资源的作用成为发达国家政府的共同选择。其中，将国有企业私有化正是这种理念在实践中的体现 |
| 国有企业普遍亏损使财政不堪重负 | 通过国有企业私有化减轻政府财政负担、同时增加私有化收益 |
| 国际环境变化 | 全球化：国际贸易竞争促使国企必须提高效率；国际资本要求降低行业壁垒，促使政府改革国企提高国内行业整体竞争力<br>区域一体化：《欧共体条约》对国企参与公平竞争的要求；《马约》对欧盟成员国赤字限制加大政府通过国企改革改善财政的压力<br>金融危机：加大国企改革力度促进竞争加快经济复苏。如韩国1997年《国企特别改革行动计划》 |
| 产业结构调整要求 | 国企从竞争性领域退出 |
| 技术进步 | 非竞争性的战略性行业进入难度降低<br>传统自然垄断行业发生变化，网络行业已可拆分 |
| 政府管理手段变化 | 更多地依靠规制和社会保障体系规范竞争秩序和提高国民福利 |

资料来源：作者整理。

## 二、私有化目标

私有化目标是多元的（参见表1-7），增加财政收益、提高国企效率是政府私有化的首要目标，但从不同国家看，私有化目标还包括提高市场效率、发展资本市场、稳定汇率、实现政治目标等战略考虑。

表 1 - 7　私有化目标

| 提高市场效率 | 通过所有权的转变，国家为国有企业设立明确的目标、建立更好的激励机制，通过市场力量提高国有企业效益，进而促使私有企业提高效率 |
|---|---|
| 发展资本市场、吸引外商直接投资 | 实现股东多元化、私有化为国内资本市场发展提供机遇，同时增加产权市场的流动性。金融深化有利于吸引持续、稳定的外商直接投资 |
| 财政目标 | 削减对亏损或资金短缺国有企业的财政支持有利于政府达到财政预算目标，对于稳定汇率具有重要意义 |
| 政治目标 | 对于处于经济转型时期的国家，私有化进程是实现其从计划经济向市场经济转变的政治和经济目标的有效途径，私有化进程的启动预示着计划经济体制的结束。此外，私有化还为国家干预经济划定新的底线 |

资料来源：经济合作与发展组织《国有企业公司治理：对 OECD 成员国的调查》，第13 页，中国财政经济出版社，2008 年 3 月版。

## 三、私有化的主要方式、保障措施及效果

### （一）私有化方式

1. 私有化一般按照先"易"后"难"，先"竞争"后"垄断"的顺序推进。所谓"易"，是指先选择在政治上已有共识、民间和企业自身对私有化有诉求、盈利能力尚可、私有化后引致的失业压力不大、政府通过私有化能够获利的企业启动私有化进程，增强改革信心和动力。如英国首先选择英国石油公司（BP）作为私有化开端（参见表 1 - 8），1979 年 11 月，政府持股由51% 降至 46%。经过试探取得成功后，英国政府自 1981—1984 年，在竞争领域进行了大规模私有化。1984 年 11 月，以英国电信私有化为标志，英国政府开启了垄断领域的私有化进程。1988 年 10 月，撒切尔夫人表示"私有化无禁区"。20 世纪 90 年代初，在国企改革主体任务完成后，英国私有化向自来水公司、电力公司等各个领域延伸。

表1-8　英国重点国有企业私有化情况

| 时间 | 企业 | 行业属性 | 政府股权变动 |
|---|---|---|---|
| 1979年11月；1983年9月；1987年11月 | 英国石油公司 | 竞争 | 由51%减至0 |
| 1981年10月；1985年5月 | 宇航公司 | 竞争 | 由100%减至0 |
| 1981年10月；1983年12月 | 电缆和无线电公司 | 竞争 | 由100%减至23% |
| 1982年2月 | 阿莫仙国际 | 竞争 | 由100%减至0 |
| 1982年11月；1985年8月 | 布里托尔石油公司 | 竞争 | 由100%减至0 |
| 1983年2月；1984年4月 | 联合港口公司 | 竞争 | 由100%减至0 |
| 1984年6月 | 安特普莱斯石油公司 | 竞争 | 由100%减至0 |
| 1984年11月；1991年12月 | 英国电信公司 | 垄断 | 由100%减至22% |
| 1986年12月 | 英国煤气公司 | 垄断 | 由100%减至0 |
| 1987年2月 | 英国航空公司 | 竞争 | 由100%减至0 |
| 1987年5月 | 劳斯莱斯（发动机）公司 | 竞争 | 由100%减至0 |
| 1987年7月 | 英国机场管理局 | 垄断 | 由100%减至0 |
| 1988年12月 | 英国钢铁公司 | 竞争 | 由100%减至0 |

资料来源：申万研究，2013年10月。

2. 私有化一般包括四类方式。①国有股份一次性出售给原有企业管理层和雇员，这种方式针对的都是规模较小的企业。②国有股份以非上市方式转让给私营企业（包括外商）。如英国造船公司、国家公共汽车公司、皇家军械厂等。这些企业规模较大，但还不到需要通过复杂的程序评估公司资产价值的程度，政府主要通过竞争性招标转让股权。③通过公开上市进行私有化。1984年11月英国电信首开国企通过公开上市实现私有化的先河，取得巨大成功，此后大型国企一般都采取该种方式。④委托经营或承包。所有权和经营权分离是完全私有化的重要补充，主要应用在学校、医院、环卫、建筑服务等公用事业部门。

**（二）保障措施**

私有化进程中，相关保障措施须同步推进，以达到以下目标：①保证私有化进程公正透明，防止过程中滋生腐败。②尽可能使私有化收益最大化。

③防止"国企垄断"转为"私人垄断"。④政府在关键领域保持话语权,维护公众利益。⑤考虑企业职工利益,注重解决人的问题。为此,各国主要举措如下:

1. 立法保障。私有化很容易成为腐败的源泉,一些国家如俄罗斯私有化过程中大量收益流入个人口袋,导致国有资产大量流失。通过事先立法保障私有化进程公开透明,是防止私有化中滋生腐败的必要条件。如,法国宪法委员会1986年8月和1993年7月颁布两项私有化法案,对国有企业通过公开上市出售股份和非公开出售股份的方式进行公司重组均做出规定,对依照上述法案设立的私有化委员会的职责、人员组成、职能均有明确的法律界定。

2. 采取多种形式进行公司化改组,择机私有化获取最大限度收益。在私有化过程中,效益比较好的企业容易售出,但效益不好的企业只能以较低价格出售。如果一味急于求成,必定造成国有资产流失。从法国、英国等私有化经验看,对待亏损或者债务沉重的大企业,一般采取先注资(资金来自外资或者政府)进行技术改造,待企业重新盈利时再选择上市出售,这样国家可获取较多的收益。对于一些控股公司,一般将部分子公司资产剥离出去先行处置,然后再进行债务重组、注资和技术改造等。此外,政府都会控制上市企业国有股份出售的节奏,依照股市行情择机分期出售。因此,大型企业私有化往往历经数年才能完成。最典型的案例是日本电信运营商NT&T私有化,2008年才完成,历时21年。

3. 促进行业内竞争,防止"私人垄断"。在垄断行业私有化过程中,为防止"国企垄断"转为"私人垄断",一般采取以下措施:①打破行业准入限制。日本NT&T私有化启动同时,政府出台《电气电讯事业法》,取消对私人企业经营电信电话事业的限制,鼓励私人企业参与竞争。尽管NT&T当时处于垄断地位,但几年之后日本就已出现数家企业与NT&T展开竞争。②将大企业拆分数家公司。英国政府采取将大公司分割成多个公司的办法促进行业内竞争,如将供排水公司分解为10个公司向市场出售。③股份转让时设定单一股东持股上限,防止一股独大形成垄断。韩国则采取出售"国民股"的方式,即把股份分散卖出,防止"国有垄断"转为大财团的"私人垄断"。④扶植竞争对手。英国电信私有化后曾出现垄断定价、服务质量下降的情况,

多涉及公共服务，私有化出现了企业会以牺牲公共利益、长期利益来追求短期利润的现象。目前，发达国家中，民众要求将能源、电力国有化的呼声不断增强。②外资控制企业与公众利益背离。私有化中，有些企业被外资控制。拉美地区20世纪八九十年代私有化中这一现象最为突出。与国企不同，外资企业在基础设施建设、人力资源培训、技术开发和使用先进技术、环保等方面的考虑有时与东道国需求存在很大差距，外资金融机构在发生危机时更不会顾及东道国金融稳定。如，柏林电网由瑞典 Vattenfall 公司控股，出于成本考虑公司选择高污染的褐煤发电而拒绝选择绿色能源，同时柏林还成为欧洲电价最高的首都城市。因此，随着垄断领域私有化推进，尤其对于管制能力较弱的发展中国家，如何在私人资本效率和公众利益之间取得平衡是一个重大挑战。

6. 俄罗斯私有化是不太成功的典型案例。俄罗斯私有化可分为四个阶段（参见表1-9），1992—1997年，俄罗斯为了"私有化而私有化"，其间俄罗斯国有资产大量流失，国民经济几近崩溃。2000年后部分战略性行业"再次国有化"，私有化目标转向公司治理和企业重组，以提高企业效益和促进经济发展。但总体看，俄罗斯国有经济规模仍在减小，布局也不尽合理，主要体现在国有经济在工业部门中所占比重仅为12.3%，行业分布尤其不合理（参见表1-10）。

表1-9　俄罗斯私有化进程、方式及效果

| 进程 | 方式及效果 |
|---|---|
| 1992年1月至<br>1993年12月 | 针对固定资产在100万卢布以下、雇员不超过200人的小企业进行私有化，仅用两年时间快速将近6万家小企业实现私有化，占相关行业小企业总数的70% |
| 1992年7月至<br>1997年12月 | 针对固定资产总额在5000万卢布、雇员超过1000人的大中型企业私有化<br>1992年7月—1994年6月，通过发放私有化证券无偿转让国有资产<br>1994年7月—1997年12月，由发放私有化证券转为按照一定价格出售国有资产<br>经过该阶段改革后，俄罗斯国有企业产值占GDP比重降至30% |

续表

| 进程 | 方式及效果 |
|---|---|
| 1997 年 7 月<br>至 2000 年 12 月 | 1997 年 6 月俄政府出台《俄罗斯联邦国有财产私有化和市镇财产私有化原则法》，私有化目标转向提高企业效益和促进经济发展<br>零星大企业私有化<br>截至 2000 年底，国有经济占 GDP 比重为 25% |
| 2000 年至今 | 目标为加强公司治理和企业重组，节制私有化，部分企业重新国有化<br>石油公司重新国有化<br>战略产业如天然气、石油管道运输、电力、铁路、邮政等核心国有企业确立主导或者垄断地位<br>明确规定政府无权对 1000 多家大中型国有战略企业进行私有化<br>私有化企业主要是经营效益差的国有独资和政府持股低于 25%的中小企业 |

资料来源：作者整理。

表 1-10　俄罗斯国有经济在工业部门的行业分布（2007 年）

| 行业 | 国企资产价值占比（%） | 行业 | 国企资产价值占比（%） |
|---|---|---|---|
| 全部工业 | 11.9 | 建材 | 6.5 |
| 其中：电力 | 7.1 | 玻璃与陶瓷 | 7.4 |
| 燃料 | 4.8 | 轻工业 | 5.6 |
| 黑色金属 | 3.9 | 食品 | 12.4 |
| 有色金属 | 27.4 | 酿造业 | 49.2 |
| 化学与石化 | 13.5 | 磨粉碾米 | 18.1 |
| 机器制造与金属加工 | 20.6 | 制药 | 23.3 |
| 原木、木浆加工和纸浆 | 9.5 | 印刷 | 59.4 |

资料来源：А. Артемов, А. Брыкин, Модернизациягосударственногоуправленияэкономикой, Экономист, 2008г., No2, C.7., 摘自陈新明"俄罗斯国有经济的规模与效益"《俄罗斯中亚东欧市场》，2008 年第 10 期。

# 第四节  2000 年以来全球国有经济
# 布局调整的特点及趋势

进入 2000 年以后，全球国有经济布局调整与 20 世纪相比呈现不同的特点和趋势：从规模看，国有经济大规模收缩的阶段已经结束，但是持续退出的趋势尚存。从调整方向和重点领域看，发达国家和新兴市场略有差异。发达国家从部分自然垄断行业收缩的同时，向公用事业部门扩张的态势非常明显。在国际金融危机期初期金融领域出现零星国有化（主要集中在英国），但欧债危机后掀起新一轮私有化高潮。部分新兴市场国家尤其拉美地区在能矿资源领域实施了引人注目的国有化，但并未改变新兴市场国有经济规模缩减的主流趋势。从私有化方式看，发达国家主要通过公开市场分期出售国有股份。从国有经济布局调整的关键环节看，改善公司治理越来越居重要地位，并成为很多国家的一项战略政策。迄今，国有经济在发达国家和新兴市场的战略地位和影响力依旧显著。值得高度关注的是，发达国家正在加紧制定针对国有企业的通用规则，这将对全球国有经济的布局和运行产生深远影响。

## 一、国有经济规模持续缩减

根据经济合作与发展组织（OECD）相关数据估算，发达国家国有资产价值占 GDP 比重从 2002 年的 28% 左右降至 2012 年的 22%（参见表 1 - 11），新兴市场和发展中国家国有经济占 GDP 比重亦由 20 世纪 90 年代初的平均 14% 下降至 2010 年的 9.6%（参见表 1 - 12）。可见，尽管大规模私有化浪潮在 20 世纪 90 年代基本结束，但国有企业改革依然延续逐渐缩小规模的轨迹推进。

表 1 –11  对部分 OECD 国家国有经济规模的估算

| 国有企业资产占 GDP 比重 | | |
|---|---|---|
| | 2002 年 | 2012 年 |
| 芬兰 | 80% | 70% |
| 斯洛伐克 | 52% | 38% |
| 瑞典 | 35% | 30% |
| 意大利 | 25% | 21% |
| 法国 | 25% | 20% |
| 韩国 | 22% | — |
| 土耳其 | 20% | 15% |
| 荷兰 | 18% | 14% |
| 捷克 | 18% | 9% |
| 比利时 | 10% | — |
| 澳大利亚 | 7% | 4.3% |
| 加拿大 | 7% | — |
| 英国和德国 | 3% 左右 | 低于 3% |
| 国有企业就业人数占全国总就业人数比重 | | |
| 捷克、芬兰和斯洛伐克 | 10% 以上 | |
| 意大利、比利时、荷兰、希腊、瑞典和法国 | 2%—5% | |
| 西班牙、韩国、加拿大、英国、丹麦、波兰和土耳其 | 低于 2% | |

资料来源：作者根据 OECD "Privatisation in the 21st Century: Recent Experiences of OECD Countries *Report on Good Practices* January 2009" 和 OECD "Corporate Governance of State-Owned Enterprises A Survey of OECD Countries 2006" 相关数据估算。

注：OECD 获取的调查数据中，时间和口径都存在差异。总体看，上述国有经济的统计数据较实际情况可能偏低，如德国只提供了联邦持股 25% 以上和名义资本 5 万欧元以上的国企数据；英国数据仅涉及英国股东执委会管理的 24 个国有企业，这 24 个国有企业代表 80 个中央政府控制的最重要的国有企业情况；韩国、荷兰都未包含金融企业；法国国企资产价值仅包括 50 家最大的国有集团，所有国家统计只涉及中央政府所属企业，等等。因此，上述数据仅对国有经济规模提供一个概略性的参考。

表 1-12　新兴市场和发展中国家国有经济占 GDP 比重

|  | 亚洲地区 | 非洲地区 | 拉丁美洲地区 |
|---|---|---|---|
| 1985—1990 年 | 12% | 20% | 10% |
| 2005—2010 年 | 8% | 15% | 6% |

资料来源：作者根据 OECD "Corporate Governance of State - Owned Enterprises A Survey of OECD Countries 2006", "Held by the Visible Hand, The Challenge of State - Owned Enterprise Corporate Governance for Emerging Markets" 相关数据估算。

## 二、发达国家与新兴市场在方向和领域方面出现明显差异，但私有化仍是主流趋势

2000 年以来，发达国家继续择机推进私有化进程。据 OECD 统计，2000—2007 年，成员国私有化收益累计 4870 亿美元。其中，法国、意大利和德国私有化收益合计 2330 亿美元，占 OECD 国家私有化收益的一半，其次是日本、土耳其和澳大利亚等。私有化的重点领域是网络产业，私有化收益主要来自电信部门，其次是交通和物流，包括铁路、航空和机场等，公用事业位列第三（参见图 1-1），传统私有化最集中的制造业和金融领域已退居末位。

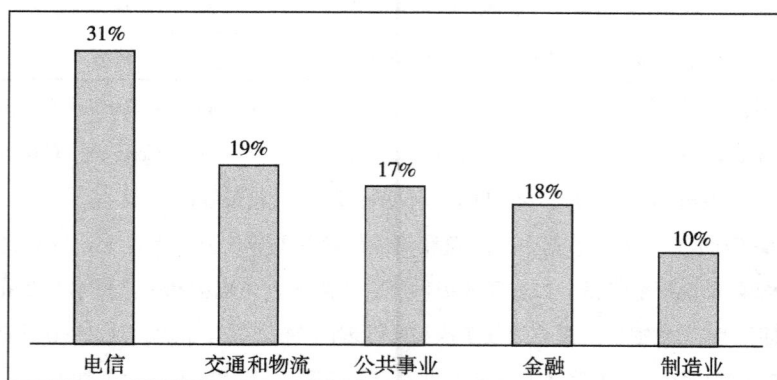

图 1-1　2000—2007 年 OECD 国家私有化收益行业分布

资料来源：*Privatisation in the 21st Century: Recent Experiences of OECD Countries Report on Good Practices* January 2009.

国际金融危机爆发后，发达国家国有经济布局呈现不同的阶段性特征。初期阶段，为稳定金融市场，一些国家在金融领域重新实行国有化。2008—2009 年期间，美国、英国、法国、比利时、荷兰等都对银行实施了国有化举措，但除英国外，其他国家的国有化行为基本上都是单一案例。英国是对金融机构注资最多的国家，2008 年 10 月—2009 年 3 月，英国将诺森罗克银行、房贷银行全部国有化，将巴克莱银行、苏格兰哈利法克斯银行、汇丰银行、劳埃德银行、苏格兰皇家银行、英国渣打银行部分国有化。上述举措是危机紧急应对方案的部分内容，政府在注入资本的同时已设定退出机制。此外，政府虽然增加了在银行、保险等金融领域的资本，但这些机构主要受到央行、保险监管机构的规制监管，短期内资本结构的变化不会影响该行业的竞争规则和市场秩序。长期看，也不会逆转国有经济规模继续缩减的趋势。

随着国际金融危机的深化，欧债危机爆发，私有化成为欧元区重债国稳固财政的重要选项。"三驾马车"与希腊、爱尔兰、葡萄牙和塞浦路斯签署的救助协议中，均包括加快国有资产私有化进程以减少财政赤字的要求。自 2011 年起，欧元区重债国陆续启动私有化计划，机场、铁路、邮政、航空公司、电力、能源、公立医院等基础设施和公共事业部门成为私有化的重点领域。为进一步削减公共债务规模，近期欧元区成员国又陆续出台一些新的私有化计划。如 2013 年 11 月意大利宣布将从 2014 年起分批出售半导体、造船、空中交通管制、出口保险、火车站和油气等数家大型国企的股权。法国政府宣布逐渐出售航空航天两家公司股权。塞浦路斯政府计划 2015 年启动电力局、电信局和港务局私有化进程。加之葡萄牙电力公司、机场集团、邮政、航空公司、铁路货运公司，以及西班牙机场、铁路、部分公营医院、医保等领域的私有化仍在进行中，预计未来 5 年欧元区将进入新一轮私有化高峰期。

与发达国家持续推进私有化的方向和领域不同，2000 年以来部分新兴市场国家对一些行业或企业重新国有化，重点集中在能矿资源领域。如，俄罗斯对石油公司重新国有化，在天然气、石油管道运输、电力、铁路、邮政等部门重新确立国有企业的主导或者垄断地位。2005 年以来拉美地区部分国家左翼领导人上台后，在自然资源领域掀起一股"国有化"浪潮，并持续至今，大量外资控股的能源、电信和钢铁等企业被国有化（参见表 1 – 13）。目前看，拉美"国有化"已对利用外资带来负面影响，企业国有化后效益急剧下降，尤其委内瑞拉全面国有化已使经济濒临崩溃。种种迹象显示，拉美"国有化"步伐已不可持续，政府减少对企业直接干预、让私人资本发挥更大作用将是必然选择。

总体看，21世纪以来新兴市场的国有化举措仅发生在少数国家和部分行业，努力吸引私人资本、放松行业准入仍是大多数新兴市场国家的政策导向。根据世行统计数据计算，2000—2008年发展中国家私有化收益累计4500亿美元，高于1988—1999年的3200亿美元。可见，国有经济规模逐渐缩减仍是新兴市场国家的主流趋势。

表1-13  近年来拉美地区部分国有化案例

| 阿根廷 | 2006年废除了与法国和西班牙公司的水务服务合同；2008年对航空公司和退休基金实行国有化；2012年对第一大石油企业YPF公司实行国有化 |
|---|---|
| 玻利维亚 | 2006年开始在能源和电信等多个行业实行国有化；2008年将三家石油公司、一家石油运输企业和一家电信公司收归国有；2012年对西班牙国际电网公司实行国有化 |
| 厄瓜多尔 | 2011年将一家美国石油公司国有化 |
| 委内瑞拉 | 2006年查韦斯总统连任后宣布将在经济领域全面实施国有化。2008年将西班牙国际银行控股的委内瑞拉银行国有化；2009年对39家从事石油服务的私人公司进行国有化；2010年将国内最大的私营钢铁生产商赛德图尔收归国有；2011年对金矿实行国有化。国有化改革还延伸至钢铁、食物供应和医疗保健等领域 |

## 三、从私有化方式看，主要通过公开市场分期出售国有股份，但政府始终掌控私有化进度

2000年以来发达国家私有化主要集中在大型上市企业，通过股票市场以公开方式出售股份。为了最大化地获取私有化收益，政府始终掌控私有化进程的速度和规模。大型上市企业的私有化都要经过一个漫长时期，政府都选择分期出售股份。一般情况下，初期出售规模不大，意在投石问路。政府往

往倾向于将大规模出售集中在第二期，这一时期选择在市场比较稳定、公司治理已取得成效的时期，有利于提高公司资产估值。无论是公开方式转让股份还是非公开方式转让（如同行竞买，Trade sale），政府会根据资本市场情况选择出售时机。2001年和2002年，互联网泡沫破灭导致全球股市不景气，这期间国企私有化进展非常缓慢。2004年和2005年，全球股市进入繁荣期，政府抓住时机推进大型企业的私有化。表1-14列出2000—2007年OECD国家最大的10起私有化交易，从中可以看出两个明显特点：一是私有化交易时间几乎在2000年、2004年和2005年，二是政府在第二期转让股权比例往往很高，如法国在第二期出售股权比例都超过50%。在金融危机爆发前的2006年和2007年，全球股市情况依然较好，政府却没有继续推进私有化交易，尽管政府手中依然有一些转让计划。可见，在私有化进程中，政府始终掌控其节奏。

表1-14　2000—2007年OECD国家最大10起私有化交易

| 年份 | 国家 | 企业 | 领域 | 股份售出 | 收益（10亿美元） | |
|---|---|---|---|---|---|---|
| 2006 | 澳大利亚 | Telstracorp | 电信 | 33.6% | 13.7 | 第三期出售 |
| 2000 | 德国 | Deutche Telekom | 电信 | 6.6% | 12.8 | 第三期出售 |
| 2004 | 意大利 | ENEL | 公共服务 | 19.6% | 9.5 | 第三期出售 |
| 2000 | 日本 | NT&T Corp | 电信 | 6.4% | 8.7 | 最后出售 |
| 2005 | 法国 | Electriccite'de France | 公共服务 | 12.7% | 8.4 | IPO |
| 2000 | 瑞典 | Telia AB | 电信 | 29.4% | 7.7 | IPO |
| 2005 | 法国 | Autoroutes du Sud de laFrance | 交通 | 50% | 6.8 | 第二期出售 |
| 2005 | 土耳其 | Turkish Telecom | 电信 | 55% | 6.6 | 股权转让给外国投资占（非公开） |
| 2004 | 法国 | France Telecom | 电信 | 10.9% | 6.2 | 第三期出售 |
| 2005 | 法国 | Autoroutes Paris-Rhin-Rhone | 交通 | 70.2% | 5.8 | 第二期出售（trade sale） |

资料来源：*Privatisation in the 21st Century：Recent Experiences of OECD Countries Report on Good Practices* January 2009.

## 四、改善公司治理作为关键环节受到越来越多的关注

经过 20 世纪八九十年代大规模私有化后，目前就国企改革的关键环节基本形成共识，即国有企业面临的核心问题是公司治理，忽视公司治理会导致私有化失败，带来巨大损失，受到社会普遍谴责。改善公司治理有利于降低国企带来的负面作用，有利于更大范围的重组和私有化。OECD、世界银行区域公司治理圆桌会议（2004 年）已将国有企业公司治理确定为许多国家（地区）需要优先解决的问题。越来越多的国家将注意力集中在通过重组和清算，提高国有企业的盈利能力，然后择机出售，使私有化能够带来尽可能多的收益。

在 OECD 的大力推动下，其成员国针对改善国企公司治理进行了一些重大改革，带来良好的示范效应。一是改变国企法律形式。将国有企业转为有限责任公司和股份公司，依据公司法运营，使其更具商业灵活性，便于进入国内资本市场融资以及到海外市场融资和扩张业务。如，2004 年，法国电力公司和法国煤气公司由依据特殊法律设立的国家企业，转变为受一般公司法约束的有限责任公司。

二是改革政府监管模式。在私有化进程中，大部分 OECD 成员国逐步将国家行政的监管职能清晰地分离出来，促使国有企业与私营企业公平竞争。

三是改革政府所有权职能。OECD 统计显示（2005 年），在成员国国有企业中，大约有 75% 以上的国有企业由国家控股或独资。为有效行使所有权职能，许多国家自 20 世纪 90 年代末以来所有权职能的组织形式发生了重大演变，主要趋势是从分权向集权转变，即从分权或行业部门模式，向双重部门模式和集权模式转变①，目的是进一步明确和强化国家所有权职能，增强对国企管理层和董事会的激励，提高企业效率和实现有效竞争。从 OECD 统计看，除德国、奥地利、芬兰等少数几个国家外，其他成员国所有权职能组织方式

---

① 集权模式指所有权职责集中在一个主要的政府部门中，双重模式国有企业由各行业部委和一个"中央"部门或者实体负责，通常是"财政部"或者"国库部"充当中央部门。

均采用双重模式或者集权模式，其中采用集权模式的国家不断增加，如英国2003年、法国2004年均过渡至集权模式。

四是完善法律法规，明确国企商业性、公共性分类，在"国家履行所有权职能""透明度和责任""国企董事会功能和作用"等方面加强对国企管制。如2008年英国成立"金融投资处"，加强金融领域国有企业审查，德国、意大利在2009年，新西兰在2011年均出台法律法规，加强国有企业的公司治理。

五是逐步限制政府特权。"黄金股"是政府在国企私有化后行使特殊权利的通用工具。2002年和2003年，在对葡萄牙、法国、比利时以及英国和西班牙有关黄金股制度的案件审理中，欧洲法院宣布黄金股制度对欧洲共同市场中资本自由流动构成障碍，必须严格控制其例外之适用。自此，政府特殊权利包括"黄金股"使用范围在发达国家中已经受到限制，很多国家包括韩国、挪威和希腊已经废除政府特殊权利。2010年7月，葡萄牙政府试图行使"黄金股"权利阻止西班牙电信并购葡萄牙电信在巴西的资产，欧洲法院裁定葡萄牙政府所持葡萄牙电信"黄金股"违反欧盟法律。

## 五、国有经济在国民经济中的影响和战略性地位依旧显著

据OECD统计，2010—2011年全球最大的2000家上市公司中，国有企业有204家，分布在37个国家，涉及35个行业。2010—2011年204家国企总销售额高达3.6万亿美元，占2000家上市公司销售总额的10%，超过同期英国、法国或者德国的国民收入。这些国企市值占同期全球资本市场总市值的11%，其销售产品总价值相当于同期全球GDP的6%[1]。由此可见，国有经济是推动世界经济增长的重要力量。

在发达国家中，尽管国有经济规模已大幅收缩，但国有企业在所有OECD国家中仍普遍存在。多数国家都拥有50—100个中央政府控制的企业，如英国、法国、加拿大、奥地利、日本、瑞典和芬兰；其他国家至少拥有25—50

---

① 资料来源：*State-Owned Enterprises：Trade Effects and Policy Implications*，OECD Trade Policy Paper No. 147，22 – Mar—2013。

个央企，如希腊、荷兰、西班牙、土耳其、德国、新西兰、韩国、丹麦、挪威和意大利。从国有企业资产价值占 GDP 比重看，2012 年估算数据显示，芬兰高达 70% 左右，瑞典、法国、荷兰、土耳其、意大利等国均超过 15%（参见表 1 - 15）。此外，国有经济向公用事业集中的趋势明显。以欧盟 27 国为例，公用事业部门增加值、就业和投资呈现明显增长态势（参见表 1 - 16）。公用事业在促进经济增长、稳定就业、维护社会稳定方面的重要作用已被广泛认可和高度重视，一些政府明确表态公用事业不会 100% 私有化，还有一些国家已出台法律设立政府在公用事业中的持股下限。目前，欧洲公营企业中心（CEEP）正在力推各国政府扩大公用事业投资。可以预计，未来国有经济在公用事业部门的作用还将增强。

表 1 - 15　欧盟公用事业在经济中的比重

|  | 2006 年 | 2010 年 |
|---|---|---|
| 增加值 | 24.4 | 26.7 |
| 就业 | 28.1 | 29.5 |
| 投资 | 20.1 | 22.1 |

资料来源：*Mapping evolutions in public services in Europe：towards increased knowledge of industrial relations*，CEEP May 2013.

注：该统计中公用事业包括供水、能源、教育、公共交通、邮政服务、医疗保健、通信、社会关怀、公共管理等。

在新兴市场和发展中国家，国有企业包括具有国际竞争力的上市公司、大型公共服务提供者、国有独资的制造和金融公司以及各种各样的中小企业，主要分布在航空和铁路运输、电力、煤气和供水、广播、自然资源开采、电信、银行业和保险业，尤其是国有银行和其他金融机构是国内金融服务的主要提供者。此外，政府还在航空航天、汽车制造、造船、制鞋与纺织、钢铁、旅游以及休闲娱乐等领域保留少数股权。无论从行业布局还是经济贡献看，国有企业仍发挥举足轻重的作用（参见表 1 - 16）。2010—2011 年全球最大的 204 家国有企业上市公司高度集中在新兴市场，其中中国拥有 70 家，印度 30

家，俄罗斯9家，阿联酋9家，马来西亚8家。就亚洲地区而言，国有企业平均贡献25%的GDP和10%的就业（参见表1-17）。

表1-16 国有企业在部分国家的重要性

| 印度 | 国有企业生产95%的煤，66%的成品油，83%的天然气，32%的精制钢，35%的铝，27%的氮肥。印度铁路公司雇佣160多万职工，是全球最大的商业雇主。印度国有银行占全部银行资产的75% |
|---|---|
| 印度尼西亚 | 约200家国有企业总资产超过860亿美元，雇佣职工140多万，超过70%的国企分布在竞争领域，包括医药，农业、渔业和林业，印刷和出版，以及其他20多个行业 |
| 波兰 | 约1800家国企贡献28%的GDP和30%的就业 |
| 俄罗斯 | 联邦政府所有的国企和地方政府所有国企分别贡献20%的和5%的工业产出，在金融部门，联邦政府和地方政府分别控制20%和6%的资产 |
| 新加坡 | 淡马锡作为政府控股公司持有20多家主要国企的股份，包括新加坡电信、新加坡航空公司和Raffles酒店等。在新加坡股市上市的12家国企占股市总市值的20%，贡献12%的GDP |
| 越南 | 5000家国企贡献38%的GDP和22%的政府财政收入 |

资料来源：*Held by the Visible Hand*，*The Challenge of State-Owned Enterprise Corporate Governance for Emerging Markets*，OECD，MAY 2006.

表1-17 亚洲地区国有经济布局（2010年）

| 占GDP比重 | 中国30%；越南38%；印度25%；泰国25%；新加坡15%；马来西亚15% |
|---|---|
| 国企市值在股票市场占比 | 中国60%；印尼30%；印度25%；泰国25%；新加坡20%；马来西亚50% |
| 行业分布 | 能源和网络产业；金融业（银行和保险）；航空航天、汽车、船舶、鞋和纺织品、钢铁、旅游休闲等 |
| 平均贡献 | GDP的25%；就业的10% |

资料来源：① The 7th Meeting of The Asia Network on Corporate Governance of State-owned Enterprises：Professionalization of State-Owned Enterprises，Bandung，Indonesia 3 - 4 July 2012 ② Policy Brief on Corporate Governance of State-owned Enterprises in Asia，OECD 2010.

## 六、发达国家加紧制订针对国有企业的通用规则

在 WTO 框架下，针对国有企业规制的条款只有 GATT 第 17 条中"国营贸易企业"（State Trading Enterprises，STEs），由于该条款对国营贸易企业没有明确定义，实际操作中很难引用该条款对国有企业提起诉讼。此外，成员国加入 WTO 议定书（Protocol of Accession）是 WTO 协议的组成部分，有些成员国相关承诺对本国国有企业会形成约束。但总体看，当前多边贸易规则并没有对国有企业形成针对性约束。正因为如此，随着新兴市场国有企业在国际贸易和投资中影响力不断加大，为削弱这些企业的竞争优势，美国、欧盟和 OECD 等加快了建立针对国有企业竞争行为新规则的步伐。

2011 年 11 月，OECD 发布《竞争中立与国有企业：挑战和政策选择》报告，对国有企业与私人企业相比拥有的竞争优势以及消除这些优势的思路和措施进行了全面研究，提出"竞争中立"政策框架。2012 年 4 月，美国与欧盟共同发表了《关于国际投资共同原则的声明》，支持 OECD 在竞争中立领域所做的工作。同月，美国"贸易代表办公室"（USTR）发布了《2012 年双边投资协定范本》，除准入前国民待遇、透明度等，特别规定了国有企业问题。与此同时，美国在 TPP 谈判中，打破此前贸易协定中从未涉及国有企业问题的先例①，明确将国有企业的竞争中立问题纳入其中。2013 年 4 月，OECD 在其报告《国有企业：贸易效果及政策含义》中指出，各国及国际组织应考虑更新贸易法规、政策及相关举措，更好地处理国际贸易与国有企业相关的不公平竞争问题。由此可以推断，美国、欧盟等发达国家将借助双边、区域谈判针对国有企业制订规则并逐渐将其多边化，对国有企业"竞争中立"要求可能首先在国际贸易、跨境投资中予以实施。

所谓"竞争中立"就是要求国有企业将商业性和非商业性活动严格区分，从事商业性活动的国企不能享有任何超过一般性企业的竞争优势。从 TPP 协议有关国有企业章节的内容推断，国有企业享有以下优势都将被禁止：①获

---

① 2004 年生效的《美国新加坡自由贸易协定》中对新加坡国有企业进行了单方面规制，与"竞争中立"有所区别。

取低成本资金，包括贴息贷款、低利率和低于市场利率的其他融资，具有隐性担保的政府债券，补贴，股权注入等；②税收优惠；③破产保护和救助支持；④免除缴纳红利义务；⑤优先获取资源，如土地和其他原材料；⑥政府采购的特许供应商或其关联伙伴；⑦有差别的财务报告和其他透明度要求；⑧处于自然垄断地位；等等。从上述要求看，如果"竞争中立"成为国际规则，将对国有经济的布局和运行产生深远影响。

# 第五节 结论及启示

## 一、结论

### （一）"二战"后至 20 世纪 70 年代末是西方主要国家国有经济发展的高潮期
凯恩斯主义为代表的国家干预理论成为政府宏观调控的指导思想，是建立国有企业的主要理论基础。从实践看，国家控制自然垄断行业和战略性产业的需求以及"二战"后重组工业体系的迫切性是建立国有企业的主要动因。从规模看，国有企业在国民经济中所占比重并不高。从布局看，国有企业在能源、通信、运输等国民经济基础行业中占据重要地位，在金融行业发挥主导作用，在制造业中控制一些重要产品的生产。20 世纪 70 年代中期后，国有经济的扩张主要发生在高端制造业。

### （二）20 世纪 80 年代初以来英国率先开始大规模国有企业改革，带动了国际上国有经济布局大调整的浪潮
国企改革的主要原因：一是 20 世纪 70 年代"滞胀"导致"凯恩斯主义"宏观调控步入困境，减少政府干预、让市场机制充分发挥作用成为主流理念。此外，苏联和东欧国家计划经济体制逐渐走向终结的过程，从意识形态方面也对重新定位计划和市场、国有和私人关系带来巨大影响。二是宏观经济基础发生变化：国有企业普遍亏损使财政不堪重负，产业结构调整要求国有企业从部分领域退出，技术进步使传统上的自然垄断行业发生变化，私人资本力量增强要求打破国企垄断。政府可以通过规制和社会保障维护竞争秩序和

提高国民福利，国有资本在工业领域重要性下降。三是国际贸易和投资环境发生巨大变化，全球化对打破部分行业的国企垄断、降低行业准入壁垒带来压力。欧洲地区一体化进程也促进了国企改革。四是一些国家是在金融危机后，将国有企业私有化作为经济改革举措的部分内容。

**（三）国有企业私有化是国有经济布局调整的主要途径，即政府将所持股份部分或者全部转让给私人部门（包括外商）**

国有股份转让主要采取一次性出售给原有企业管理层和雇员、以非上市方式转让给私营企业（包括外商）以及通过公开上市方式转让等三种方式。私有化目标是多元的，包括提高市场效率、发展资本市场、财政和政治目标等。为保障私有化进程公正、透明，防止国有资产流失，实现预期目标，还须采取相应保障措施：一是立法保障；二是采取多种形式进行公司化改组后选择时机最大限度获取私有化收益；三是注重增加行业内竞争、提高效率，包括打破行业准入限制，大企业拆分数家公司促进竞争等；四是防止"国有垄断"转为"私人垄断"。

**（四）2000 年以来国有经济布局调整与 20 世纪相比呈现不同的特点和趋势**

从规模看，国有经济大规模收缩的阶段已经结束，但是持续退出的趋势尚存，金融危机期间金融领域国有化并未逆转这一趋势。从行业分布看，国有经济从部分自然垄断行业收缩的同时，向公用事业部门扩张的态势非常明显。从私有化方式看，主要通过公开市场分期出售国有股份，但政府始终掌控私有化进度。与此同时，改善国企公司治理已成为许多国家一项政策目标，各国政府纷纷通过改变国企法律地位、推进政府监管和所有权职能改革等措施改善国有企业公司治理。总体看，尽管发达国家国有经济规模仍在缩小，但其经济影响和战略性地位依旧显著。

## 二、启示及借鉴

### （一）国有经济布局应具有一定的灵活性

发达国家私有化并非单向推进，在出现问题或者特殊时期，国有资本就会在一些行业时进时出，体现出高度的灵活性。如，当一些公用事业部门私有化后与政府目标背离时，政府就会将这些企业再次国有化。金融危机爆发后，私有化最激进的英国政府毫不犹豫地对银行进行大规模国有化。可见，国有经济调整并非单向的私有化，而应保持动态双向化。

**（二）私有化中要防止腐败及"私人垄断"，还须考虑到外资控股可能带来的负面影响**

私有化是国企改革的必要措施，但并不是天然有效。如果政府缺乏监管能力，国企私有化并不能提高效率，国企腐败还会导致私有化过程中大量利益输送。因此，应首先完善法律法规，加强规制能力建设，惩治腐败、厘清利益关系。其次，扩大行业准入增强市场竞争，仍可适度运用"黄金股"对企业重要决策进行控制，防止"私人垄断"或者"外资控股"重要领域，损害公共利益，危及宏观经济稳定。

**（三）借鉴国际经验，通过私有化、放松准入及加强公司治理同步推进调整国有经济布局**

1. 私有化沿先"易"后"难"，先"一般竞争领域"，后"其他竞争领域"和"垄断领域"路径推进。先"易"目的在于尽快释放改革红利，凝聚共识和信心，然后再"攻坚克难"。先"一般竞争领域"目的在于尽快增强市场活力，尽可能多地创造就业机会，缓解后续私有化对就业的冲击。

2. 政府掌控私有化节奏。小企业可以直接出售给原企业职工或者管理层，中型企业通过行业竞买，部分大型企业先上市再逐步分期出售股份。可考虑拆分一些大型控股公司，将部分子公司资产剥离出去先行处置，针对核心业务进行债务重组、注资和技术改造等，然后择机出售。

3. 控制权和经营权分离可作为公用事业部门改革的主要方式。

4. 国企改革是系统工程，须与放松行业准入、金融市场改革、要素价格改革、国企公司治理改革等同步推进。

# 第二章

# TPP/CPTPP"国有企业和指定垄断"条款主要特点及对我国的影响和对策

《跨太平洋伙伴关系协定》（TPP）第十七章为"国有企业和指定垄断"，这是自贸协定中首次将"国有企业和指定垄断"作为横向议题单独列出。该章设立若干具有强制约束力的实质性条款，以防止政府（主要是新兴经济体政府）对国有企业提供非商业援助破坏市场公平竞争，损害其他市场主体的经济利益。整体看，TPP 国企条款体现出所有权歧视和抑制国企竞争力的明显特点。美国退出 TPP 后，《全面与进步跨太平洋伙伴关系协定》（CPTPP）于 2018 年 12 月 30 日生效。CPTPP 全面继承了 TPP 有关国企条款（参见附表）。长期看，TPP 确定的国企条款可能在更大范围中适用，对我国国企的经营活动尤其是对外投资行为产生实质性的影响。为此，在坚持我国国企既定改革方向的同时，仍须深入剖析 TPP 国企条款对我国的核心约束点。同时，加快推进 RCEP 等自贸区谈判，为亚太自贸协定确立规则路向。积极利用多边机制和全球经济治理平台，坚持"所有制中立"，倡导推行"竞争中立"原则。按既定方针加快国企改革步伐，尽快由"管企业"转向"管资本"。加快实施外资"准入前国民待遇""负面清单"以及"外资安全审查委员会"三位一体的外资管理体制。在推进"走出去"战略实施中，高度重视发挥民营企业的作用。

# 第一节　TPP "国有企业和指定垄断" 条款主要内容

## 一、条款构成

TPP 第十七章 "国有企业和指定垄断" 包括 15 条正文和 7 个附件。具体如下：

第 1—3 条是 "定义、范围、授予职权"，主要是对国有企业、商业考虑、指定垄断、非商业援助等后续正文中出现的概念进行定义，对条款的适用范围进行界定，要求缔约方垄断行为不能与相关条款冲突。

第 4—6 条是 "非歧视待遇和商业考虑、法院和行政机构、非商业援助"，这是本章最核心的条款。要求各缔约方保证各国有企业在从事商业活动时遵守非歧视待遇和商业考虑，要求缔约方给予其法院和行政机构拥有针对外资企业提起民事诉讼的管辖权，要求各缔约方不得直接或者间接向国有企业提供非商业援助导致另一缔约方利益受到不利影响以及其国内产业受到损害。

第 7—8 条是 "不利影响、损害"，对第 6 条非商业援助中提到的不利影响和损害进行具体阐释。

第 9 条是 "缔约方特定附件"，指出部分条款与后面两个附件的适用关系。

第 10 条 "透明度"，对信息公布、信息请求答复等做出详细要求。

第 11 条 "技术合作"，指出缔约方应分享国有企业管理政策、公司治理和经营的经验和信息等。

第 12 条是 "国有企业和指定垄断委员会"，对该委员会职能进行说明。

第 13—14 条是 "例外、进一步谈判"，指出缔约方采取紧急情况、国有企业根据授权提供的一些金融服务等不适用该章条款。约定 TPP 协定生效后 5 年内应进一步谈判，将附件中的一些例外纳入约束条款中。

第 15 条是 "信息形成过程"，这也是关键条款，即明确 "国有企业和指定垄断" 适用于 TPP 争端解决机制。

## 二、主要概念

TPP"国有企业和指定垄断"条款（以下简称 TPP 国企条款）对规则中涉及的概念进行了明确界定。主要如下：

### （一）国有企业

一是政府直接拥有 50% 以上的股份资本；二是通过拥有者权益控制 50% 以上投票权的行使，即政府能够支配 50% 以上的投票权；三是政府拥有任命大多数董事会或者同等管理机构成员的权利。凡符合上述三个条件中的任何一条均视为国有企业。TPP 针对主要从事商业活动的国有企业，即企业生产货物或者提供服务的活动均以营利为导向，并以企业自主决定的数量和价格在相关市场上向消费者销售，不涉及政府设立、指定或者授权从事垄断活动的国有企业。基于此，凡是从事商业活动的国有企业均须遵守 TPP 相关规制的约束。

### （二）非商业援助

政府因拥有或控制某一国有企业而对其提供支持和帮助。具体援助是指：一是资金的直接转移或潜在的资金或债务的直接转移，如赠款或债务减免，比该企业商业可获条件更优惠的贷款、贷款担保或其他形式的融资，与私营投资者的投资惯例（包括提供风险资本不相一致的权益资本）；二是企业获得比商业可获条件更优惠的除一般基础设施外的货物或服务。

如何界定国有企业获得的优惠资金或者债务减免是因为政府"凭借该国有企业的政府拥有权或控制权"得到的呢？可根据以下四种情形来界定：一是该缔约方或缔约方的国有企业明确将上述援助限定于其任何国有企业；二是上述帮助主要由国有企业享用；三是国有企业享用了不成比例的帮助；四是通过裁量权给予国有企业照顾，时期能够享有上述帮助。

## 三、核心条款释义

第 17.4 条"非歧视待遇和商业考虑"、第 17.6 条"非商业援助"和第

17.10 条"透明度"是 TPP 国企条款中的核心条款。具体释义如下：

**（一）非歧视待遇和商业考虑**

TPP 要求缔约方保证其国有企业在从事商业活动时，必须依照商业考虑购买或销售货物或服务。也就是说，其国有企业在购买（销售）货物或服务时，必须遵守以下规则：一是给予另一缔约方企业提供的货物或服务的待遇，不低于其给予该缔约方、其他任何缔约方或任何非缔约方的企业提供的同类货物或同类服务的待遇；二是给予作为该缔约方领土内涵盖投资的企业提供的货物或服务的待遇，不低于其给予由该缔约方、其他缔约方或任何非缔约方的投资者在该缔约方领土内相关市场上所投资的企业提供的同类货物或同类服务。简言之，就是缔约方国有企业在与另一缔约方企业开展进出口货物（服务）贸易时，须给予另一缔约方企业与本国企业、其他任何缔约方企业以及非缔约方企业提供的货物（服务）同等待遇；缔约方国有企业在购买（出售）货物或服务时须给予本土外资企业与本国企业、其他任何缔约方企业以及非缔约方企业同等待遇。对于缔约方指定的垄断企业，在从事一般商业活动时，在购买垄断货物或服务、销售专营货物或服务时，均须遵守上述规则。

**（二）非商业援助**

TPP 要求任何缔约方和缔约方的国有企业，不得通过使用直接或者间接的方式提供非商业援助，对另一缔约方利益造成不利影响，国内产业受到损害。禁止以下方式提供非商业援助：一是该国有企业货物生产和销售；二是该国有企业向另一缔约方的领土提供服务；三是通过在另一缔约方或第三缔约方的投资企业向该另一缔约方的领土提供服务。也就是说，无论是政府还是国有企业，都不能针对以下三种行为提供非商业援助：一是国有企业国内商业活动，二是国有企业的对外商业活动，三是在外投资的国有企业的商业活动。

**（三）透明度**

TPP 对透明度提出详细的高要求，具体包括：

一是要求缔约方向其他缔约方提供或者通过官方网站公布其国有企业名单，该名单每年都需更新。

二是公布垄断企业相关信息，包括垄断企业名单、指定垄断的条件及经营范围，有变动须及时更新。

三是若另一缔约方认为国有企业和指定垄断企业对缔约方之间的贸易和投资带来不利影响或产业损害，有权迅速得到企业的有关信息：①政府、其他国企在该企业中累计拥有的股份比例和投票权比例；②政府、其他国企在该实体中拥有的任何特殊股份或特别投票权或其他权利的情况；③在该实体董事会中担任职务或成员的任何政府官员的政府头衔；④该实体最近3年的年收入和总资产，在法律上享有的免责和豁免，其他公开可获得的信息包括年度财务报告、第三方审计报告和书面请求的事项。

四是应另一缔约方要求，须迅速提供对国企给予非商业援助的政策或者项目的信息。具体包括：①非商业援助的形式（即赠款、贷款）；②提供非商业援助的政府机构、国有企业名称，已经获得或有资格获得非商业援助的国有企业名称；③提供非商业援助的政策或项目的法律依据和政策目标，政策或项目存续时间；④该商业援助的总金额或年度预算金额。其中，若以贷款或贷款担保形式提供的非商业援助，须告知贷款或贷款担保的金额、利率和收取费用。若以权益资本形式提供非商业援助，须告知投资金额、所占股份及投资决策评估。

# 第二节　TPP"国有企业和指定垄断"条款主要特点

## 一、TPP国企条款是在美国强力推行下纳入自贸协定中的高标准横向议题

国有企业条款首次纳入贸易协定是在1994年1月1日正式生效的《北美自由贸易协定》（NAFTA）中，不过只是服务贸易规则中的一个条款，即"垄断性行业的服务提供者"条款。在该条款中，对垄断及国有企业的服务提供者制定了一些规则，核心内容就是"商业考虑和非歧视，以及公平竞争"，

具体包括：①在购买或提供垄断性服务时，必须仅依商业考虑行事；②对于其他缔约方的服务提供者不得给予歧视；③不得滥用垄断优势直接或间接（通过母公司、子公司或其他关联企业）在非垄断市场上采取不正当手段。此后，以 NAFTA 为模板，美国－新加坡 FTA（2003）、美国－智利 FTA（2003）、美国－韩国 FTA 对垄断和国有企业的问题均有提及。如美新 FTA 规定，新加坡应确保国有企业在采购、销售货物或提供服务时依据商业考量进行决策，美韩 FTA 规定韩国应确保不针对国有企业或被授予特殊或排他性权力的企业，采取或维持扭曲货物贸易或服务贸易的措施。

多边贸易体系中有部分条款涉及对垄断和国有企业的规制，但或包含在贸易救济措施，或包含在服务贸易协定中的反竞争章节中。1994 年 5 月乌拉圭回合谈判结束，WTO 于次年 1 月 1 日正式成立。在 WTO 法律体系中，附件 1A 关于多边货物贸易法律规则中规范贸易救济的多边协定《补贴与反补贴措施协定》，涉及政府对企业的一些非商业援助，其内涵必然对国企行为有所波及。不过，更多涉及垄断及国有企业的规则还是体现在附件 1B 的《服务贸易总协定》（GATS）中，其规定垄断和专营必须遵循 GATS 第 8 条规定，即①各成员应确保垄断服务者在提供垄断服务时不违背最惠国待遇义务和其他具体承诺义务；②如果垄断服务商直接或通过子公司在其垄断授权以外的服务领域竞争，且该领域又是成员方具体承诺开放的领域，成员方应保证这些垄断服务商不滥用其垄断地位。

2011 年 11 月，OECD 发布《竞争中立与国有企业：挑战和政策选择》报告，对国有企业与私人企业相比拥有的竞争优势以及消除这些优势的思路和措施进行了全面研究，提出"竞争中立"政策框架。2012 年 4 月，美国与欧盟共同发表了《关于国际投资共同原则的声明》，支持 OECD 在竞争中立领域所做的工作。同月美国"贸易代表办公室"（USTR）发布了《2012 年双边投资协定范本》，除准入前国民待遇、透明度等，特别规定了国有企业问题。同年 5 月 8 日—16 日 TPP 第十二轮谈判中，美国首次提出关于国有企业的议题，最终形成 TPP 协议的第 17 章。

从上述演变进程看，与 NAFTA 相比，GATS 第 8 条的规则相对宽松，而 TPP 国企条款以 NAFTA 为模板，在内涵和规制等方面已远远超越前者。在美国的主导下，TPP 国企条款首次成为自贸协定中设计缜密、纪律严明的独立章节。

## 二、TPP 国企条款构建了规制国有企业运营的立体网络

从国企定义看，TPP 国企条款适用范围大幅扩张。如美国 – 新加坡 FTA 中，只界定了 20％ 及以上股权为国有企业控股的临界值，而 TPP 则从股权比例、投票权、董事会成员任命权等多个方面对国企进行了界定。

从规制主体看，TPP 不仅针对政府行为（如 WTO 反补贴仅针对政府对企业的一些非商业援助），同时也包括国有企对其他企业的非商业援助。

从规制行为看，WTO 和 NAFTA 等国企有关条款主要是规制货物贸易中的出口行为，以及服务贸易相关的政府补贴、特许经营等反竞争行为，而 TPP 国企条款规制的行为则从货物贸易到服务贸易到外商投资、从生产到出口到对外投资全覆盖。

从规制地域看，TPP 规定了对任何国有企业，无论是在本土还是在缔约方的投资企业，政府或国有企业不得在本土对其提供非商业援助，国有企业不得通过在缔约方的企业提供非商业援助，国有企业不得通过在第三方的企业给予非商业援助。可见，TPP 从本土、其他缔约方和第三方市场全方位限制政府或国有企业的非商业援助，不仅规范国有企业在本土的运营行为，而且规范了国企在海外运营时应该遵守的规则。

## 三、从传统的竞争中立转为限制国企竞争力

TPP 将国企条款从以往的竞争章节中独立出来，单独列为一章，从结构上凸显国企条款的重要性，同时在内容上了强调了国企方面的纪律。尤其凸显的是，国企条款从以往的"竞争中立"偏向"竞争限制"。澳大利亚一直被视为"竞争中立"政策的先行者，其规制国企的理念是"竞争中立"，即创造一个公平的竞争环境，使国有企业与私营企业公平竞争。要求政府秉承中立态度、保证政策中性，防止政府的商业活动仅凭其国家所有权而享有竞争优势。围绕"竞争中立"原则，澳大利亚集中探索出了税收中立、债务中

立、监管中立和要求国有企业保持正常商业回报率等多种实现途径，并将其推行为可实施的法律规则。此后，无论是澳大利亚签署 FTA 还是国际组织如 OECD 等，都将国企规制围绕"竞争中立"探索全球推广的核心原则。

TPP 则不然，其关注点集中在非商业援助，而且只针对政府给予国有企业的"非商业援助"行为予以规制。WTO 规则在认定一项财政补助是否构成补贴时，要看相关企业是否因此拥有比市场上可获得的更优惠的条件，而 TPP 评价国企是否因非商业援助获得不当竞争优势的唯一标准是比照私人企业。TPP 非商业援助制度确立了缔约方的三重义务，即缔约方本身不得通过对国有企业直接或间接提供非商业援助，对其他缔约方的利益造成不利影响；缔约方应确保国有企业不通过对国有企业提供非商业援助对其他缔约方利益造成不利影响；缔约方不得通过对另一缔约方境内的国有企业投资提供非商业援助，损害其他缔约方的国内产业。上述义务中的"不利影响"和"国内产业损害"的评估指标均以私人企业商业活动为准。

可见，TPP 国企条款的理念并非提倡"竞争中立"，注重构建国有企业和私人企业公平竞争的商业和法制环境，而是紧盯非商业援助，对国有企业的竞争进行全方位限制。

## 四、TPP 考虑到一些例外，但总体趋势从严

TPP 例外条款中，将央行或货币主管机构开展监管、监督或执行货币和相关信贷政策及汇率政策排除规则之外，也不适用于主权财富基金、独立养老基金及其拥有或控制的企业，还不包括地方国有企业。对于文莱、越南和马来西亚等部分国有企业给予 5 年过渡期。不过 TPP 确立了进一步谈判的规则趋向，在协定生效 5 年内，要求缔约方应举行谈判，扩大规则适用的范围，总体趋势是缩窄例外、强化纪律。

# 第三节　对我国的影响及建议

2017 年 1 月特朗普就任美国总统后宣布美国退出 TPP，TPP 暂时搁浅使

我国国企短期内面临的竞争抑制有所缓解。但是，从趋势看，TPP 确定的核心条款仍将对我国国企的经营活动尤其是对外投资行为产生实质性的影响。为此，在坚持我国国企既定改革方向的同时，要摸准 TPP 国企条款对我国的核心约束点，将其与我国国企改革方向一致的条款内容吸纳，同时积极利用多边机制和全球经济治理平台，推动替代、改良、修正其不合理的条款部分，为我国国企发展壮大营造公平竞争环境。

## 一、TPP 国企条款可能产生的影响

### （一）TPP 虽未能生效，其条款对我国国企行为仍将带来趋势性影响

尽管 TPP 搁浅，但可以预见美欧等发达国家将会采取签署《双边投资协定》的方式规制我国国有企业在国内市场、国际市场的竞争行为，约束我国政府对国有企业的扶持和补贴行为。事实上，TPP 国企条款就是移植了《中美双边投资协定》中有关国企纪律的相关规则。随着我国对外开放步入新阶段，企业对外直接投资进入上升期，我国企业竞争行为将受到越来越多的关注。一方面，为限制我国企业竞争力，投资目的地国家会提出很多限制规则；另一方面，在接纳我国投资的同时，对方必然会要求我国国内市场同等开放。因此，未来我国与重要国家签署 FTA 时，签署《双边投资协定》可能是前提条件（欧盟已经这样提出要求）。鉴于美欧在较长时期都将是我国企业进行绿地投资、兼并收购的主要市场，TPP 国企条款仍会被他们借用，来规制我国国内投资环境和企业对外投资行为。

### （二）影响波及广泛，我国国企均被纳入规制范围

从 TPP 对国有企业的界定看，我国国有企业悉数纳入其中。2015 年 8 月 24 日，党中央、国务院发布《中共中央、国务院关于深化国有企业改革的指导意见》（以下简称《国企改革指导意见》），分类推进国有企业改革，将国有企业划分为商业类和公益类。公益类主要采取国有独资形式，商业类中主业处于关系国家安全、国民经济命脉种行业和领域的国有企业要保持国有资本控股，主业处于充分竞争行业和领域的商业类国企原则上都要实行公司股份制改革，实行股权多样化。此外，《国企改革指导意见》强调，充分发挥国

有企业党组织政治核心作用，明确国有企业党组织在公司法人治理结构中的法定地位。比照 TPP 从股权比例、投票权、董事会成员任命权等三方面对国企的界定，我国国有企业均在其中。

**（三）TPP 国企条款的部分要求与我国国企改革大方向一致**

TPP 要求缔约方保证其国有企业在从事商业活动时，必须依照商业考虑购买或销售货物或服务。《国企改革指导意见》指出，商业类国有企业按照市场化要求实行商业化运作，以增强国有经济活力、放大国有资本功能、实现国有资产保值增值为主要目标，依法独立自主开展生产经营活动。实现优胜劣汰、有序进退。TPP 要求任何缔约方和缔约方的国有企业，不得通过使用直接或者间接的方式提供非商业援助，对另一缔约方利益带来不利影响、国内产业受到损害。《国企改革指导意见》指出，以管资本为主完善国有资产管理体制，科学界定国有资本所有权和经营权的边界，将依法应由企业自主经营决策的事项归位于企业，国有资产监管机构依法履行出资人职责。这种机制就是为了剥离企业因国有身份可能得到的特殊优惠，使其与私有企业处于同一竞争平台。可见，TPP "商业考虑"和 "非商业援助"部分规则与我国国有企业改革的大方向存在一致性。

**（四）TPP 国企条款对国企壮大发展带来挑战**

《国企改革指导意见》指出，国企改革要紧紧围绕服务国家战略，落实国家产业政策和重点产业布局调整总体要求，优化国有资本重点投资方向和领域，推动国有资本向关系国家安全、国民经济命脉和国计民生的重要行业和关键领域、重点基础设施集中，向前瞻性战略产业集中，向具有核心竞争力的优势产业集中。对这些国有企业，在考核经营业绩指标和国有资产保值增值情况的同时，加强对服务国家战略、保障国家安全和国民经济运行、发展前瞻性战略性产业以及完成特殊任务的考核。从上述要求看，国有企业肩负着多元任务，难以完全市场化运行，政府的扶持、优惠待遇以及潜在的资金优势等难以避免，无论是商业信息还是特殊任务信息不可能完全透明。因此，在国内市场全面适用 TPP 非歧视待遇和商业考虑、非商业援助、透明度等规则基本不可能。在这种情况下，国外要求我国国内市场更加开放、透明的压力将不断加大，与此同时，我国国有企业 "走出去"对外投资必将受到诸多反制。可以预见，未来国有企业对外投资面临的挑战会更加复杂，尤其在发达国家，我国国企竞争力会受到多方抑制。即使在新兴市场国家，随着产能合作推进，对我国国有企业的戒备和担忧也在逐渐增加。

## 二、相关建议

### （一）加快推进 RCEP 谈判，为亚太自贸协定确立规则路向

美国退出 TPP 为《区域全面伙伴关系协定》谈判（RCEP）增强了动力和凝聚力。目前在我国 FTA 战略中应全力冲刺 RCEP，争取 2017 年如期签署协定并付诸实施。在此基础上，不断扩容，以 RCEP 规则为主导路径，逐渐向亚太自贸区演进。在区域贸易规则演变过程中，充分发挥我国的话语权和主导权，避免对国有企业的竞争歧视。

### （二）维护多边贸易体制，积极倡导"竞争中立"

WTO 不存在对国有企业的所有制歧视，提倡的是"所有制中立"。不过，国有企业源自所有权带来的竞争优势的确存在，损害了市场的公平和效率。为此，"竞争中立"原则正在得到越来越多的拥趸。在全球经济治理平台上，我国应大力维护多边贸易体制，坚守其"所有制中立"原则，与此同时，也应倡导和支持"竞争中立"原则的推广，这与我国国有企业市场化改革的大方向是一致的，在国际上也是深得人心的。

### （三）按既定方案加快推进国企改革

类似 TPP 国企条款对我国影响尚待观察，我国按既定方向和节奏推进改革即可。目前尤其需要防范的是外部倒逼压力有所缓解导致的懈怠情绪，应加快推进国企改革，将国企改革作为全面深化改革开放的攻坚战，尽快将商业类国企改革全面由"管企业"转向"管资本"，构建公平竞争环境，夯实社会主义市场经济基础，为国民经济持续发展、社会长治久安完善体制机制架构。

### （四）加快推进利用外资管理体制改革

加快自贸区内外资管理体制试点经验的推广，实施外资"准入前国民待遇""负面清单"以及"外资安全审查委员会"三位一体的外资管理体制，

通过提高透明度、可预期性进一步优化外商投资环境，通过营造公平竞争的市场环境发挥外资对国内经济和产业发展的积极效应，同时也为我国企业走出去对外投资换取公平对等的准入条件和待遇。

**（五）高度重视发挥民营企业在对外投资中的重要作用**

前已述及，长期来看，美欧等发达国家仍将会以签署《双边投资协定》的方式、采取类似 TPP 规则来限制我国国有企业的竞争力，部分新兴市场国家对我国国有企业也心存忌惮。因此，在推进"走出去"战略实施中，应高度重视发挥民营企业的作用。民营企业壮大发展依然要归根到国内，应通过"竞争中立"有效配置资源，公平竞争优胜劣汰，使民营企业成长起来，在对外投资中发挥重要作用。


**附表：**

**关于 CPTPP 冻结 22 处条款的说明**

| | |
|---|---|
| 1. 海关管理<br>对快递货物免征关税的门槛金额，CPTPP 不再要求应定期审核 | 11. 知识产权<br>（1）对"依据著作权收取相关报酬的权利" CPTPP 不再要求缔约方予以国民待遇<br>（2）CPTPP 不再要求对"已知产品的新用途、使用已知产品的新方法、制造已知产品的新工序，源自植物的发明"授予专利 |
| 2. 投资者－东道国争端解决机制（ISDS）<br>CPTPP 缩小了投资争端使用 ISDS 的范围，"投资协议"和"投资授权"不适用 ISDS | |
| 3. 快递服务<br>CPTPP 不再强行禁止具有邮政专营权的服务者补贴其经营的快递业务 | （3）对于因专利授权机关审查造成的不合理延迟，CPTPP 不再要求政府以延长专利权期限予以补偿 |
| 4. 金融服务<br>CPTPP 不再允许金融投资者适用 ISDS | （4）对于药品因上市许可程序导致的专利有效保护期缩短，CPTPP 不再要求缔约方调整保护期予以补偿 |
| 5. 电信争端解决<br>对于因电信主管部门所做决定使企业遭受损失的情况，CPTPP 不再要求缔约方政府给予补偿和救济 | （5）对于未披露的药品试验或其他数据，CPTPP 不再要求统一的有效保护期限<br>（6）CPTPP 不再要求给予生物制剂未披露试验或其他数据统一的有效保护期限 |

| | |
|---|---|
| 6. 政府采购<br>（1）CPTPP 不要求将劳工权利纳入政府采购条件<br>（2）CPTPP 将扩大政府采购范围谈判的启动条件由协定生效后 3 年延长至 5 年 | （7）CPTPP 不再要求作品、表演和录音制品的保护期限延长至作者死后 70 年（目前 WTO 规定为作者有生之年加死后 50 年） |
| 7. 环境<br>CPTPP 不再要求依犯罪所在地法律处置非法野生动植物贸易行为，由缔约方国内法处置 | （8）对于未获授权擅自使用著作权人已采取技术保护措施（如加密）的作品、表演和录音制品的行为，CPTPP 不再要求课以民事和刑事处罚<br>（9）对于故意去除或改变任何权利管理信息（如作者姓名、著作权由何人分享以及如何授权等）的行为，CPTPP 不再要求课以民事和刑事处罚 |
| 8. 透明度和反腐败<br>CPTPP 不再要求缔约方新药品及医疗器械定价程序的透明化义务 | （10）对于制造、进出口、租赁相关设备用于解密和传播未获授权的加密卫星节目和有线电视信号的行为，CPTPP 不再要求课以民事和刑事处罚 |
| 9. 投资及服务业之不符措施<br>文莱在煤炭勘探及开采所附加的限制自协定"签署后"延长至"生效后"开始实施 | （11）针对网络侵权行为，CPTPP 不强制要求建立专门的民、刑事救济渠道，而是归属各国既有司法救济；CPTPP 不再要求建立互联网服务提供商（ISP）与版权权利人合作后得以免责的机制 |
| 10. 国有企业之不符措施<br>马来西亚石油公司在采购方面所附加的限制，自协定"签署后"延长至"生效后"开始适用 | |

资料来源：作者整理。

# 汇率管理篇

# 第三章

# 国际货币汇率管理模式对人民币国际化的启示

随着人民币在境外使用规模和范围的扩大，汇率管理将成为越来越突出的宏观课题。从"二战"后国际货币体系演变历程看，美日欧等主要国际货币经济体都曾积极干预外汇市场，从布雷顿森林体系时期的维护固定汇率，到浮动汇率时期的名义汇率价格调整，一直到逐渐放弃干预汇价交由市场并依靠独立货币政策为货币定价，其间积累了大量经验和教训，从汇率管理的角度对完善人民币国际化相关体制机制具有参考价值。

## 第一节　主要国际货币的概念界定

从不同视角解释货币国际化内涵的文献很多，但从货币职能角度定义国际货币并以此测度货币的国际化程度已是主流共识。该定义是 Kenen（1983）、Hartmann（1998）等在 Cohen（1971）研究基础上逐渐形成的，可总结表述如下：货币国际化的本质是国内信用的外部延伸，国际货币是指一个主权国家（或统一货币区）的货币以其国家信用（或区域综合信用）为基础，在国际市场获得广泛认可和接受，发挥价值尺度、交易媒介和价值储藏的功能，成为国际计价货币、投融资结算货币和储备货币（参见表 3－1）。其中，在私人部门，国际货币主要发挥贸易和金融的计价、结算和替代本国货币的储蓄功能；在公共部门，国际货币被政府用作设定汇率基准（如发展中国家的钉住汇率制）、用于外汇市场的干预和成为官方外汇储备货币。如果一国货币能够在私人部门和公共部门发挥上述所有功能，该货币则成为关键国际货币。

表 3 - 1　国际货币的功能

| 功能 | 政府部门 | 私人部门 |
|------|---------|---------|
| 记账单位 | 汇率的驻锚货币 | 贸易和金融交易的计价 |
| 交易媒介 | 外汇干预载体货币 | 贸易和金融交易的结算 |
| 价值储藏 | 官方外汇储备 | 金融资产投资 |

资料来源：作者整理。

从当前国际货币体系看，能够达到上述条件的货币不止一家。国际货币基金组织每个季度都会公布全球央行的外汇储备明细，包括规模、币种结构等。在 IMF 最新公布的官方外汇储备币种构成中，美元、欧元、人民币、日元、英镑、澳大利亚元、加拿大元、瑞士法郎被单独列出，这八种货币应可视为国际货币。其中，美元、欧元、日元、英镑、人民币共同组成 IMF 特别提款权 SDR 货币篮子，每种货币的权重分别为，美元 41.73%，欧元 30.93%，人民币 10.92%，日元 8.33%，英镑 8.09%。回看历史，除人民币于 2016 年 10 月被纳入 SDR 货币篮子外，其他四种货币（其中欧元之前是德国马克、法国法郎）自 1973 年 SDR 被重新定义为一篮子货币以来一直是官方外汇储备持有的主要货币，国际市场上的主要支付货币和投资货币。因此，可将美元、欧元、日元和英镑看作主要国际货币。以 IMF 统计为例，2019 年第一季度全球官方外汇储备中，美元占比 61.82%，欧元占比 20.24%，日元占比 5.25%，英镑占比 4.54%，美元仍为首要且一枝独大的国际货币。此外，同期人民币占比 1.95%。

# 第二节　美日欧等主要国际货币汇率管理模式

## 一、美国汇率管理模式

美国的国际货币和金融政策由财政部负责，根据 1933 年紧急法案于次年设立的"外汇稳定基金"是财政部专用资金。1962 年应财政部要求，美联储开始进行外汇市场操作。美联储与财政部密切磋商和协作，通常各自提供一半资金共同进行外汇操作，从而保证美国国际货币和金融政策的一致性。外汇稳定基金和美联储的外汇市场操作都通过纽约联邦储备银行（Federal Reserve Bank of New York，FRBNY）的外汇交易室（Foreign Exchange Trading Desk）执行。

美国财政部对美元汇率管理主要通过两个途径：一是联合干预，即美财政部牵头，联合主要工业国特别是日本、英国、德国和法国共同干预外汇市场，以达到推升或压低美元汇价的目的；二是美财政部单方面干预他国涉外政策，即每半年对主要贸易伙伴国是否操纵汇率做出评估，据此通过迫使他国调整对外政策影响汇率进而达到稳定美元汇率的目的。具体干预手段和历史实践如下：

**（一）20 世纪 60 年代至 1973 年，美国牵头联合干预外汇市场维护固定汇率体系**

战后布雷顿森里体系顺畅运转大约十年后，美元与黄金挂钩、其他国家与美元盯住的国际货币体系开始出现危机。1958 年初美国黄金储备约为 230 亿美元，接近其历史峰值。当年美国经济经历了一次短暂而急剧的衰退，美国国际收支出现大规模赤字，全年黄金储备下降了 22.5 亿美元，约为上一年的 10%。此后，美国黄金储备继续下降，市场黄金价格开始波动上升，1960 年底冲到 40 美元/盎司，对美元稳定在 35 美元/盎司带来挑战。

1958 年和 1960 年美国经济经历两次衰退，受制于美元稳定的承诺，美国降低利率放松货币政策受到限制。为了在稳定美元汇率的前提下进一步放松货币政策，在长期利率更多影响国内市场的认知下，美联储和财政部联手进行了"扭曲操作"，即在短期市场卖出债券同时回购长期政府债券压低长期利率。

进入 20 世纪 60 年代，以美国财政部为核心，国际重要金融国家开启了国际合作捍卫美元的战斗进程。1962 年，美国、加拿大、英国、联邦德国、法国、意大利、比利时、荷兰、瑞典和日本①即十国集团（后瑞士加入，但称

---

① 这是日本第一次受邀参与维护国际金融体系的责任大国之间的合作。

谓未变）在国际货币基金组织框架下建立了 60 亿美元额度的"借款总安排"，应对美元受到投机性冲击时的干预手段。此外，美国牵头设立"货币互换网络"，运用非正式的"黄金总库"维护美元与黄金的平价关系①。1964 年，外国官方持有的美元开始超过美国的库存黄金价值，对美元稳定带来更大压力。在美国财政部长福勒的建议下，1969 年十国集团达成协议创设"特别提款权"用于补充 IMF 成员国官方储备以应对"特里芬难题"，支持布雷顿森林固定汇率体系。

随着世界经济格局变化，特别是日本、联邦德国经济实力强大，对固定汇率的质疑和挑战逐渐从美国、德国企业界向学术界乃至政府有关部门蔓延，与此同时保持美元与黄金比价越来越难以持续。1971 年 8 月 25 日美国宣布，将不再允许非储备货币国家官方持有的美元自由兑换为黄金，同年 12 月 18 日十国集团达成《史密森协议》，美元兑黄金贬值 7.89%，调整汇率平价美元贬值 10%，日元升值 16.9%，德国马克升值 14%。非储备货币对美元的波动允许幅度由正负 1% 调整为正负 2.25%。该协议未能阻止美元贬值，1973 年 2 月美元对黄金再次贬值 10%，美欧同时迫使日元对美元升值 17%—20%，之后德国马克开始自由浮动，至此几乎所有协约国均采用浮动汇率制。

**（二）布雷顿森林体系瓦解后，美国汇率政策主要转向美元、日元和德国马克之间的汇率调整**

1973 年 11 月七国集团诞生，1974 年布雷顿森林体系瓦解，国际货币体系步入更加灵活的浮动汇率体系时代，国际汇率协调平台转向七国集团峰会。在美国带领下，七国集团先是在 20 世纪 70 年代末期针对美元弱势干预，到 80 年代中期又针对美元强势干预，80 年代末期再次针对美元弱势，直到 90 年代中期后，美国逐渐放弃干预汇市。

1978 年 11 月，在小规模干预阻止美元贬值的努力失败后，美国政府推出一个规模之大史无前例 300 亿美元一揽子计划拯救美元：与德国、日本和瑞士央行货币互换额度增加 76 亿美元至总额 150 亿美元，通过发行"卡特债券"以外币形式借入 100 亿美元（财政部在国外销售的以马克和瑞士法郎记

---

① 十国集团央行以与 35 美元/盎司官方价格的微小差价在市场上买卖黄金，防止市场黄金价格影响美元稳定。

帐的债券），使用 20 亿美元特别提款权，从国际货币基金组织提款 30 亿美元。与此同时，美联储计划将贴现率提升 1 个百分点至 9.5%，同时提高银行准备金，并在 12 月份将国库销售量增加一倍至 150 万盎司以吸收美元。该一揽子计划一经宣布，市场迅速反应，美元显著升值①。1979 年 1 月，美元开始自发走强，官方随即停止干预外汇市场。

进入 20 世纪 80 年代后，美联储持续收紧货币政策严控通货膨胀，利率高企吸引大量美元流入，推动美元快速升值，到 1985 年 2 月 25 日达到最高点，当时美元对德国马克较 1980 年的水平升值约 45%，较日元升值约 35%。美元持续升值严重削弱美国企业的国际竞争力，1984 年美国贸易逆差首次突破 1000 亿美元，成为经济增长的严重拖累。经过春季和夏季的调整后，美元在该年 9 月又开始上涨。美国、英国、法国、德国和日本等五国的财政部长与中央银行行长在纽约广场饭店开会讨论外汇干预问题。9 月 22 日，五国集团联合声明宣布"主要的非美元货币对美元进一步有序升值是受欢迎的，他们（财政部部长们和央行行长）准备好随时更紧密地合作以支持对美元升值"。与会各国承诺干预时间 6 周（自 9 月 23 日起），预估资金投入 180 亿美元，实际投入 102 亿美元。首周主要是五国集团联合干预，此后十国集团共同参与。6 周内美国投入 32 亿美元，日本 30 亿美元，德、法、英合计 20 亿美元，十国集团中的其他国家 20 亿美元。在各国的联合干预下，美元急剧下跌，以至到 1986 年底，日本和德国的中央银行又被迫采取支持美元的干预措施，但收效甚微。1986 年 1 月，美元较上年高点贬值了 25%。

美元持续贬值引发各国不安，1986 年 3 月七国财长集团正式成立。为了阻止美元持续下滑，1987 年 2 月七国集团在巴黎卢浮宫达成共识，承诺准备总计 120 亿美元的可用资金，努力将汇率波动维持在 5% 的幅度内——即上下 2.5%。由于卢浮宫会议最终没有形成明确肯定的协议，也没有对各国承担干预资金份额进行分配，稳定汇率的预期目标没有达成。

20 世纪 90 年代以后，美国主导外汇市场干预的努力持续降温。干预的规模相对较小、持续时间短，均在不改变各自宏观政策的前提下进行。主要干

---

① 1978 年最后两个月，干预汇市的实际消耗是 67 亿美元。

预有四次：一是 1992 年，美国与欧洲国家的中央银行分别在 7 月 20 日和 8 月 11 日两次大规模干预外汇市场，支持欧洲汇率机制。7 月 20 日美国等 15 个工业国家的中央银行联手在市场抛马克买美元，8 月 11 日再次联手干预，短期推动美元升值，但干预几天后美元就跌回干预前的最低点。二是 1995 年协助日本干预日元升值。三是 2000 年协助欧央行支持欧元。四是 2011 年 3 月 11 日在日本大地震之后，七国集团于 18 日联手干预外汇市场，以遏制震后日元对美元急剧升值势头。

**（三）美国通过单方面监测和设立标准，对贸易伙伴国汇率实行间接调控**

《1988 年综合贸易与竞争力法案》（Omnibus Trade and Competitiveness Act of 1988）第 3005 条规定，美国财政部每半年须向国会提交一份国际经济包括汇率政策的报告，第 3004 规定报告必须考虑"是否有国家操纵本国货币兑美元汇率以阻止国际收支平衡的有效调整，或为在国际贸易中谋取不公平竞争优势"。关于汇率操纵的标准，该法案规定了两个判定条件：即贸易伙伴国存在大量经常账户盈余和巨额对美贸易顺差。1988 年 10 月，财政部向国会提交了首份《国际经济和汇率政策》报告。依照《1988 年综合贸易与竞争力法案》，历史上曾被美国财政部列为汇率操纵国（地区）的有韩国（1988 年 10 月）、中国台湾地区（1988 年 10 月和 1992 年 5 月）以及中国（1992 年 5 月）。1995 年 1 月 WTO 成立，美国同意通过世贸组织机制解决贸易争端。自此之后，美国再未给任何一个国家（地区）贴上汇率操纵标签。

在被贴上汇率操纵标签后，美国就会与这些国家（地区）进行双边谈判，敦促其减少对外汇市场干预，扩大内需，开放金融市场等。随后，这些国家（地区）货币普遍大幅升值，经常收支迅速恶化。如 1988 年 10 月至 1993 年 5 月，中国台湾地区两次被指控汇率操纵，其间新台币对美元升值了 10%，经常账户盈余也从 1988 年占 GDP 的 8% 下降到 1993 年的 3%。韩国 1988 年被列为汇率操纵国到 1990 年被从名单中移除，其间韩元升值 6%，经常账户余额从占 GDP 的 6.7% 盈余恶化至 -1.2% 的赤字。

2015 年 3 月，美国出台《2015 年贸易便利与贸易执行法案》（Trade Facilitation and Enforcement Act of 2015），该法案规定了新的报告内容、监测指标以及对汇率操纵国的惩罚措施（参见表 3-2）。随后，美财政部对法案中的汇率操纵标准进行了量化，设置了门槛，即"巨额对美贸易顺差"的标准是"过去 12 个月对美贸易顺差达到 200 亿美元"，"大量经常账户盈余"的标准是"过去 12 个月经常账户盈余超过 GDP 的 3%"，"持续单向外汇干预"的标准是"一年内反复净买入外汇超过 GDP 的 2%"。2016 年 4 月，美财政部向国会提交《美国主要贸易伙伴外汇政策》报告，首次适用新评价指标。

　　2019 年 5 月美国财政部在其公布的半年度汇率政策报告中，重新调整了标准，将经常项目顺差占 GDP 比重从 3% 调至 2%，单边汇率干预金额占本国 GDP 比重 2% 时间缩短为超过 6 个月。同时，美国财政部对 21 个贸易伙伴进行了审核，将 9 个国家列入观察名单，即：中国、德国、爱尔兰（新增）、意大利（新增）、日本、韩国、马来西亚（新增）、新加坡（新增）和越南（新增），印度和瑞士被移出观察对象。2019 年 8 月，美国财政部突然宣布将中国列为"汇率操作国"。从汇率管理角度看，美财政部实际上是通过影响贸易伙伴国汇率达到间接管理美元汇率的目的。

**表 3 - 2　美国财政部"汇率操纵"法律依据及认定标准**

| 适用法律 | 标准 | 2016 年量化指标（过去 12 个月） | 2019 年 5 月修订指标（过去 12 个月） |
|---|---|---|---|
| 《2015 年贸易便利与贸易执行法案》《1988 年综合贸易与竞争力法案》 | 巨额对美贸易顺差 | 对美贸易顺差超过 200 亿美元 | 对美贸易顺差超过 200 亿美元 |
| | 大量经常账户盈余 | 经常账户盈余超过 GDP 的 3% | 经常账户盈余超过 GDP 的 2% |
| | 持续单向外汇干预 | 净买入外汇超过 GDP 的 2% | 净买入外汇超过 GDP 的 2%（过去 6 个月） |

资料来源：美国财政部。

## 二、日本汇率管理

　　日本的财政和货币职能一度归大藏省，1998 年央行从大藏省中独立出来，依据 1997 年新修订《日本银行法》（1998 年 4 月实施），日本银行被赋予稳定物价和维护金融体系稳定职能，同时废除大藏省对日本银行的指令权，提高央行独立性。2001年大藏省被分解为财务省和金融厅（负责银行监管）。

根据1951年的《外汇基金专项账户法》（Foreign Exchange Fund Special Account Law），日本财务省下设了"外汇基金专项账户"，专门用于外汇操作。该法规定财务省在使用外汇基金专项账户的资金进行外汇操作时，可以委托日本银行执行。如果汇率干预需要资金，财政部可以发行3个月或6个月的短期政府债券。日本银行无权自主进行外汇市场干预，根据《日本银行法》，日本银行使用自有资金买卖外汇，或者作为外国央行或国际机构的代理人买卖外汇，需要取得财务省的同意。日本政府一度是外汇市场最积极的干预者，20世纪90年代之后逐渐降低干预频率，2004年之后基本停止了单方面大规模干预汇率行为。

20世纪70年代以后，日本经常账户开始出现大量盈余。但日本出于对之前经常账户赤字的担心和经济增速减缓的忧虑，将盈余视为经济疲软的结果。基于此，日本一直抗拒升值，认为会抑制国内经济复苏。1971年8月16日美元与黄金脱钩导致美元急剧贬值，日本央行为维持360日元/美元的汇率水平大量购进美元，两个星期后放弃干预。日元逐渐升值，12月18日十国集团达成《史密森协议》，日本同意将日元升值16.9%至308日元/美元。

转向浮动汇率后，在持续贸易顺差下，日本出口带动经济复苏给日元带来持续升值压力。1977年，日本政府为减缓日元升值幅度购入60亿美元，但日元仍从年初291日元/美元升至年末241日元/美元，当年升值幅度高达20%。日本陷入国内出口商强烈抱怨货币升值、国际社会激烈批评其贸易顺差和肮脏浮动的漩涡中。

随着对日元升值好处逐渐被接受，1985年广场协议汇率磋商中，日本对于推升日元汇价态度积极。据当事人回忆（行天丰雄）①，广场协议非正式报告建议联合干预推动美元贬值10%—12%，当时德国坚决反对承担过多义务，日本则积极配合，主动提出可承担日元10%—20%的升值幅度。广场协议签订后，强烈反对日元快速升值的政客和商人卷土而来，直到1988年，强货币

① ［美］保罗·沃尔克、［日］行天丰雄著，《时运变迁》，中信出版社，2016年10月版。

的好处才在日本获得普遍认同。

进入 20 世纪 90 年代以后，随着国际联合干预减少，日本也逐渐减少大规模干预频率。只是在 1999 年、2000 年和 2003 年，日元对美元持续升值突破 100 日元/美元时入市干预过。其中，持续时间最长的、干预规模最大的是 2003—2004 年。据统计，截至 2004 年 4 月的 15 个月内，日本央行在外汇市场投入了 35 万亿日元阻止日元升值。当时日本已于 2001 年实施零利率，经济已连续五年陷入通缩。官方表示此次汇率干预是为了提振投资者对经济的信心。2004 年之后，日本停止了单方面大规模干预汇率行为。2008 年国际金融危机后，日元持续升值，2011 年 10 月高达 76.77 日元/美元，日本央行也没有干预（参见图 3 – 1）。

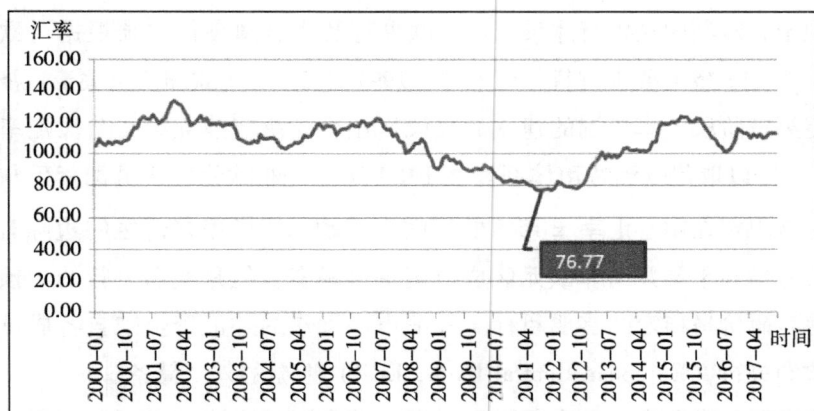

**图 3 – 1　东京外汇市场日元对美元月度平均汇率**
资料来源：wind 数据库。

## 三、欧洲汇率管理体制

1979 年 3 月，欧共体成立了欧洲货币体系（EMS），其中欧洲汇率机制（Exchange Rate Mechanism，简称 ERM）安排规定，成员国之间实行固定汇率制，对非成员国实行浮动汇率制，保护其成员免受美元动荡之苦。初期有前联邦德国、法国、意大利、荷兰、比利时、卢森堡、丹麦及爱尔兰等八个成员国，之后西班牙于1989年6月，英国于1990年10月，葡萄牙于1992年4月加入。1992年9月起，在以索罗斯为首的投机者持续攻击下，英镑和意大利里拉被迫退出欧洲汇率机制，葡萄牙埃斯库多退出后又重返。成员国央行对外汇市场进行了大规模干预，但损失惨重，最终于1993年8月达成协议对欧洲货币体系进行大幅调整：允许法国法郎、比利时法郎、丹麦克朗、西班牙比塞塔、葡萄牙埃斯库多、爱尔兰镑等六种货币对中心货币的浮动幅度扩大到±15%，德国马克、荷兰盾和卢森堡法郎等三种货币仍然维持上下各浮动2.5%的幅度。

1993年11月1日，《马斯特里赫特条约》正式生效，欧盟正式诞生。欧盟理事会（European Union Council）成为欧盟制定汇率政策的最高权力机构，有权缔结汇率体系方面的协定及制定汇率政策。根据《欧洲中央银行体系法》相关规定，欧洲中央银行体系（注：欧央行及成员国央行）须根据《欧共体条约》第111条的要求进行外汇操作。1997年6月，《欧洲议会关于经济与货币联盟第三阶段汇率机制的建立的决议》出台，决定建立第二阶段汇率机制（ERM II）以取代欧洲货币体系。在ERM II下，非欧元区成员国货币与欧元的汇率被限定在中心汇率±15%的区间内浮动。当汇率接近区间边际时，欧洲央行将参与干预并向非欧元区成员国提供融资，但是欧洲央行的干预和融资不得有碍价格稳定的首要目标。外汇市场操作的外汇资金来自各成员国央行向欧洲央行（European Central Bank，ECB）上缴的外汇储备。

自欧元问世以来，欧央行对欧元汇率曾有过两次大规模干预。第一次是在2000年9月，欧央行与美联储等联手干预阻止欧元贬值。自1999年1月1日诞生起，欧元对美元汇率就一路贬值（参见图3-2）。9月20日，欧元创下0.8438美元/欧元的历史新低，较诞生日下跌了28%。9月22日，欧央行和美联储及其他主要工业国的中央银行联手干预，使陷入困境的欧元汇率在9月25日终于稳定下来。时任欧央行行长德伊森贝赫表态说，干预的目的仅为改变市场观念，而非为使欧元汇率达到特定的汇率水平。此后欧元震荡升值，于2002年7月达到1美元/欧元。第二次干预发生在金融危机期间。2009年11月3日，为稳固欧元对美元汇率升值势头，欧央行出人意料地单方面干预外汇市场，取得了预期效果。11月6日，欧洲央行再度买进欧元。两次干预虽然起到短暂稳定汇率的效果，但难以改变欧元震荡贬值的趋势。2017 年底，欧元对美元较 2009 年 11 月 6 日贬值 19.3%。

**图 3 - 2　欧元对美元汇率（美元/欧元）**

资料来源：wind 数据库。

# 第三节　国际货币汇率管理实践经验及
# 对人民币国际化的启示

从美日欧等对外汇市场联合干预或单方干预的历史看，一些经验和教训值得我们思考和借鉴。

## 一、美日欧等经济体实施汇率干预的经验及教训

### （一）财政部门负责汇率政策并主导外汇市场操作

美国财政部负责制定和执行国家的货币和金融政策，包括外汇市场干预政策。1934 年设立的"外汇平准基金"由财政部依据法律授权用于外汇市场干预。美联储有权使用自有资金独立进行外汇市场操作，但美联储并不负责汇率政策，其参与外汇市场操作主要是配合美国财政部，保证美国国际货币和金融政策的一致性。日本的汇率政策和外汇市场操作由财务省负责，日本

银行无权自主进行外汇市场操作。日本干预外汇市场的资金全部来自财务省下设的"外汇基金专项账户"（1951 年设立）。英国与日本类似，汇率政策由财政部负责，干预外汇市场的资金全部来自"外汇平衡账户"（1932 年设立）。欧盟有所不同，虽然汇率决策欧盟经济和财政部长理事会做出，但干预外汇市场的资金全部由欧洲央行出资。

### （二）成功的汇率干预需要依托多国联合干预

从历史看，成功的汇率干预往往是大规模的多国联合干预，即主要国际货币国家政府联手改变市场秩序。布雷顿森林体系瓦解以来，美日欧几次大规模干预都是以美国为主导、依托五国集团（后来七国集团）联合行动，同时还有其他一些国家参与。比如 1985 年 9 月广场协议，首周主要是五国集团联合干预，此后十国集团共同参与阻止美元升值。1987 年 2 月卢浮宫协议是七国集团共同阻止美元贬值，1992 年 7 月美欧联手干预欧洲汇率市场则是 15个工业国央行参与其中。2000 年 9 月推高欧元和 2011 年 3 月日本地震后推低日元，都是 G7 政府联合起来强行改变整个市场的价格比率，在 30 分钟内将币值朝预定方向推进了 3%—4%。尽管联合干预是否达到预期目标存在巨大争议，但单边干预的央行基本都遭受巨大损失后铩羽而归却是不争的事实。

### （三）政府干预对汇率价格影响有限且难以改变其长期走势

即使成功的汇率干预只能影响短期汇率，对此结论无论是在理论上还是实践上基本已有共识。历史上对美元的干预，无论是 1973—1981 年期间推动美元升值，还是 1985 年推动美元贬值，最终都未能改变美元贬值的大趋势（参见图 3 - 3）。美国学者迈克尔·博尔多等人考察了 1973—1981 美国对汇率市场的干预①，得出结论认为汇率干预充其量只能抹平短期汇率的波动，不可能改变长期汇率的方向和比率。曾任职大藏省并参与数次汇率干预的现任日本国际货币研究所理事长行天丰指出，"在浮动汇率机制下，货币当局仅靠逆市场基本趋势的干预是无法操纵汇率的。此外，汇率本身的一个变化，并不会对大多数国家的国际收支产生立竿见影的影响。而且，短期资本流动和

---

① 《紧张的关系》，2015 年芝加哥大学出版（Strained Relations：US Foreign - Exchange Operations and Monetary Policy in the Twentieth Century，Michael D. Bordo，Owen F. Humpage，and Anna J. Schwartz）。

利率差对汇率的影响越来越显著。"① 不过，虽然政府干预很难影响汇率的长期名义价格，但与其他政策特别是国内货币政策协调能够有效改变市场预期，从而缓和国际汇率体系失调。

图 3 - 3　美元对主要货币名义汇率指数（月度）

资料来源：美联储。

### （四）"不可能三角"难以规避，独立货币政策是影响汇率的最终力量

实践证明，资本自由流动、固定汇率和独立货币政策三者不可兼得。布雷顿森林体系下，美元兑黄金的固定利率、资本外流与美国货币政策发生明显冲突，当经济疲软加大美元贬值压力时，美联储不可能提高利率吸引美元回流以维护美元汇率。这种情况下，美国财政部采取多种措施降低贸易逆差以减缓美元外流，如将对外援助与美国出口挂钩、海外采购尤其是盟国的军事采购与美国本土供应商挂钩等，直至出台《利息平衡税法》加大对资本外流的限制。后者促进了欧洲美元市场发展，最终把原本可能储蓄或者投资到美国的美元也吸引到了国外。与此同时，美元汇率贬值压力难以消除，进一步加大国内通胀压力，最终只能与黄金脱钩以浮动汇率破局。一直到 1990 年美联储才意识到，"不可能三角"是躲不过去的，对汇率的干预妨碍了它对利率自主和价格稳定的承诺，随着主要发达国家都采用了管理通胀预期为目标

① ［美］保罗·沃尔克、［日］行天丰雄著，《时运变迁》，中信出版社，2016 年 10 月版。

的货币政策，20 世纪 90 年代中期后 G7 国家很少干预汇率市场。即使偶有干预亦不再专注于价格水平，而是专注于改变预期，稳定国际金融市场。在短期资本流动规模越来越大，货币政策逐渐成为影响汇率的首要因素。正如美联储前主席沃尔克所说："所有的权力部门最终都会承认，货币政策是比干预手段力度更大的汇率影响因素，货币政策将告诉你最终的均衡力量在哪里。"

## 二、对人民币国际化的几点启示

与美元、欧元和日元相比，当前人民币国际化程度仍然不高，支撑人民币国际化的经济、金融、军事、文化、外交以及文化等基础仍待夯实。不过，从汇率干预视角看，美日欧的一些经验对于正行走在国际化征途上的人民币汇率管理仍具有较高的借鉴价值。

### （一）汇率政策交由财政部管理

国际金融合作及人民币汇率政策均交由财政部负责，同时设立"人民币汇率平准基金"作为财政部干预汇率的主要资金来源。初始资金可考虑由财政部出资购买部分外汇储备，之后可视需要通过与外国货币当局进行货币互换、在国外发行外币债券等方式筹集外汇资金。作为 SDR 货币篮子中的一员，我国应积极参与主要大国财政部长会议（如 G7），就汇率协调和国际货币体系改革等议题进行深入磋商，彼此之间构筑良好的合作关系。

### （二）切实加强货币政策独立性

首先，对于快速迈向国际化的人民币来说，"不可能三角"难以逾越，独立货币政策是必选项；其次，具有信用保证的货币政策是人民币汇国际化的基石，只有有效管理通胀的独立央行才具备这一信用。

### （三）汇率干预不可避免，但不必执着于某个价格水平

在有管理的浮动汇率制度下，未来人民币作为国际货币必然会面临全球经济周期不同步、国内稳定和国外稳定冲突等对汇率带来的压力，在实际操作中应践行管理预期的汇率调控理念，不必强行追求某一价格水平。

### （四）加强国际协调干预能力建设

随着资本流动规模愈来愈膨胀，单个央行干预很难成功。未来人民币即

使成为区域核心货币（类似马克），也难以独立于当前体系之外。因此，要尽早加入现有国际货币协调体系，建立与六大央行货币互换机制紧密联系，与其他主要货币国在市场出现无效或无序情况下联手干预市场。在汇率干预过程中，要去除升值恐惧症。广场协议后，日本产业界逐渐由批评日元升值、游说政府阻止，转向理性评估其利弊，同时积极利用各种避险工具对冲汇率风险。此外，还要积极推动现有国际货币体系改革，完善东亚外汇储备库、金砖国家外汇储备库等机制建设，组建人民币体系的双多边互换机制，稳固和支持人民币的国际地位。

# 第四章

# 人民币国际化进程及发展前景

自 2009 年 4 月人民币跨境贸易结算试点实施以来，人民币国际化取得重大进展。2015 年 11 月人民币被国际货币基金组织批准纳入 SDR 货币篮子并于 2016 年 10 月正式启用，成为人民币国际化进程中的标志性事件。截至 2019 年 6 月，人民币已连续八年为中国第二大国际收付货币、全球第五大支付货币、第三大贸易融资货币、第八大外汇交易货币、第六大储备货币。全球已有 60 多个央行或货币当局将人民币纳入外汇储备。超过 32 万家企业和 270 多家银行开展跨境人民币业务，与中国发生跨境人民币收付的国家和地区达 242 个。人民币作为支付货币功能不断增强，作为投融资和交易货币功能持续深化，作为计价货币功能有所突破，作为储备货币功能逐渐显现。本章简要回顾人民币国际化历程和特点，并对人民币国际化趋势及相关体制机制完善进行展望和探讨。

## 第一节　人民币国际化进程回顾

2009 年 7 月，上海市和广东省广州市、深圳市、珠海市、东莞市的 365 家企业开始跨境贸易人民币结算试点，人民币国际化进程正式启动。此时，正值"二战"以来最严重的金融危机导致全球经济陷入谷底（当年世界经济负增长 0.6%），我国经济刚从 1 季度谷底走出（1 季度 GDP 同比增速仅为 6.2%），经济增长面临很大困难。启动跨境贸易人民币结算的目的在于帮助企业规避汇率风险，减少汇兑损失，促进对外贸易发展以拓展外需。由于配套政策不完善，加之 2008 年 9 月金融危机爆发后至 2010 年 6 月，我国收紧了人民币兑美元汇率的波动区间，将美元兑人民币汇率基本控制在 6.81—6.85 元的区间内，跨境贸易人民币结算优势并不突出，因而进展较慢。截至 2009 年年末，银行累计为企业办理跨境贸易人民币金额仅为 35.8 亿元。

2010 年 6 月，中国人民银行、财政部、商务部、海关总署、国家税务总局和银监会联合发布《关于扩大跨境贸易人民币结算试点有关问题的通知》（银发〔2010〕186 号），将境内试点地区由上海和广东省的 4 个城市扩大到 20 个省（自治区、直辖市），将境外地域范围由港澳和东盟扩大到所有国家和地区，明确试点业务范围包括跨境货物贸易、服务贸易和其他经常项目人民币结算；与此同时，以个案方式开展人民币跨境投融资试点，2010 年 10 月，新疆率先开展跨境直接投资人民币结算试点。此时，人民币汇率形成机制改革亦于 6 月再次启动，全球经济在主要国家宽松货币政策和扩张财政政策的刺激下稳步回升，在人民币升值预期与外部需求环境好转的利好因素影响下，跨境贸易人民币结算取得突破性进展，2010 年银行累计办理跨境贸易人民币结算业务 5063 亿元，各试点地区办理人民币跨境投融资金额 702 亿元。

2011 年以来，跨境人民币业务范围进一步扩大。一是跨境贸易人民币结算范围不断扩大。2011 年 8 月，中国人民银行会同五部委发布《关于扩大跨境贸易人民币结算地区的通知》，跨境贸易人民币结算境内地域范围扩大至全国。2012 年 6 月，中国人民银行等六部委联合下发了出口货物贸易人民币结算重点监管企业名单，跨境贸易人民币结算业务全面推开，所有进出口企业都可以选择以人民币进行计价、结算和收付。二是跨境人民币业务从经常项目扩展至部分资本项目。2011 年 1 月，中国人民银行发布《境外直接投资人民币结算试点管理办法》，允许境内企业以人民币进行对外直接投资，10 月，发布《关于境内银行业金融机构境外项目人民币贷款的指导意见》，明确了商业银行开展境外项目人民币贷款的有关要求。三是通过部分资本项目开放，打通境外人民币对境内直接投资、证券投资和贷款的回流渠道。2011 年 10 月，发布《外商直接投资人民币结算业务管理办法》，允许境外投资者以人民币到境内开展直接投资。12 月，中国证券监督管理委员会（以下简称证监会）、中国人民银行、国家外汇管理局联合发布《基金管理公司、证券公司人民币合格境外机构投资者境内证券投资试点办法》①，允许符合一定资格条件的境内基金管理公司、证券公司的香港子公司作为试点机构，运用其在港募集的人民币资金在经批准的人民币投资额度内开展境内证券投资业务，RQFII试点业务正式启动。2012 年 12 月，中国人民央行正式批准深圳前海地区的跨境人民币贷款业务，允许在前海注册成立并在前海实际经营或投资的企业从香港经营人民币业务的银行借入人民币资金，贷款期限和利率均由借贷双方自主确定，对前海企业获得香港人民币贷款实行余额管理。

此后，随着人民币跨境贸易融资、境外项目人民币贷款、境内企业境外放款、跨境人民币资金池业务等政策也陆续推出并不断完善，中国金融市场双向开放进程不断加快，银行间债券市场投资、人民币合格境外机构投资者（RQFII）、人民币合格境内机构投资者（RQDII）、"沪深港通"、基金互认、"债券通"、黄金国际板等投资渠道陆续放开，境外发行人民币债券的境内主体和境内发行人民币债券（"熊猫债"）的境外主体类型越来越多元化，人民币国际化进程加快。经常项目下人民币跨境收付快速增长，至 2015 年达到 7 万亿元后步入平稳增长通道；对外直接投资和外商直接投资人民币跨境结算从无到有，在直接投资跨境收付中的份额不断扩大，由 2010 年的不到 5% 逐年上升至 2018 年的超过 50%；证券投资项下人民币收付业务从无到有，从 2011 年的 1000 亿元增长至 2018 年的超过 6 万亿元，2018 年增速超过 83.6%。

# 第二节　人民币国际化进程特点

## 一、人民国际化规模自 2015 年以来显著收缩后于 2018 年大幅反弹

2009 年以来人民币国际化规模快速扩张，2015 年达到顶点，之后人民币

---

① 人民币合格境外机构投资者（RQFII），是指经主管部门批准，运用在香港募集的人民币资金开展境内证券投资业务的相关主体，首批试点机构为境内基金管理公司、证券公司的香港子公司。

国际化规模扩张出现大幅收缩和盘整。2017 年是高位回落的低点，当年跨境人民币收付总金额较 2016 年下降 6.7%，较 2015 年下滑 24%；其中，经常项目下跨境人民币收付金额较 2016 年收缩 16.6%，较 2015 年收缩 39.7%。中国香港地区人民币存款于 2014 年达到峰值后大幅下滑，2016 年触底，2017 年微幅上升 2.3%，较 2014 年仍减少 44.3%（参见图 4-1）。2017 年，香港处理的人民币贸易结算额较 2016 年仍下滑 13.5%，较 2015 年峰值下滑 42.9%（参见图 4-2）；香港发行的人民币计价债券较 2016 年下滑 41%，较 2014 年峰值下滑 87.7%（参见图 4-3）。根据 SWIFT 统计，2017 年 12 月，人民币在全球支付市场占比 1.61%，2016 年 12 月为 1.68%，2015 年 12 月为 2.31%（参见图 4-4）。

2018 年，人民币国际化规模大幅反弹，当年跨境人民币收付金额合计 15.85 亿元，较上年增长 46.3%，超过 2014 年成为新的峰值；香港人民币债券发行全年为 419 亿元，比 2017 年增长 68%；香港地区人民币存款余额为 6150 亿元，同比上升 10%，但是较 2014 年峰值仍低近 40%。截至 2018 年末，人民币为全球第五大支付货币，占全球所有货币支付金额比重为 2.07%，较 2017 年同期 1.61% 有所上升，排名仅次于美元、欧元、英镑及日元，但仍不及 2015 底排名。

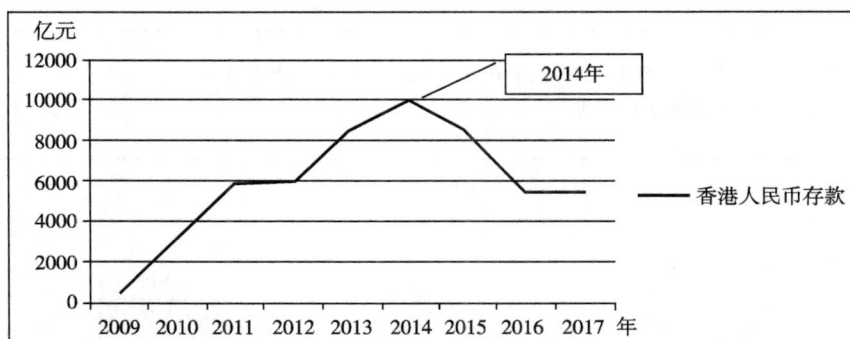

**图 4-1　香港年末人民币存款　单位：亿元**
资料来源：香港金管局。

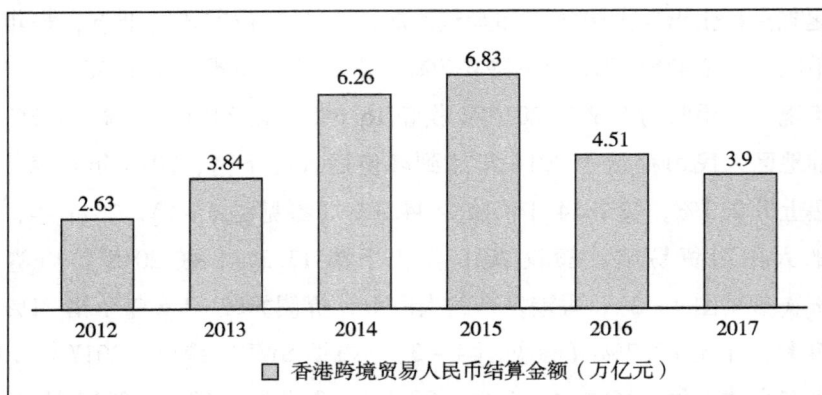

**图 4 - 2　香港处理的人民币贸易结算额**

资料来源：《离岸人民币快报》，中国银行（香港）。

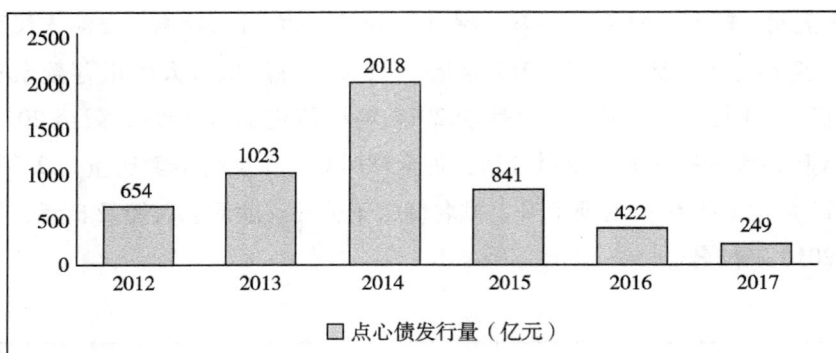

**图 4 - 3　香港市场上发行的人民币计价债券**

资料来源：《离岸人民币快报》，中国银行（香港）。

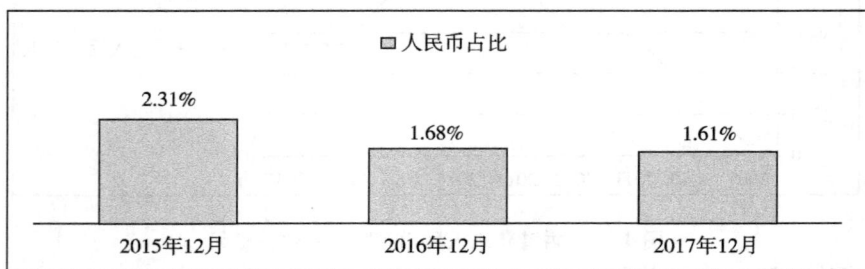

**图 4 - 4　人民币在全球支付市场占有率**

资料来源：SWIFT。

## 二、香港地区在离岸清算中心市场地位更加凸显

香港地区是全球最重要的离岸人民币清算中心，是人民币国际化的超级中介。SWIFT 资料显示，2017 年香港在离岸清算中心中占据 75.68% 的份额，远远高于第二大清算中心——英国所占 5.59% 的份额。据中国人民银行统计，2018 年境外清算行人民币清算量合计 316.61 万亿元，其中香港人民币实时支付结算系统（RTGS）处理的清算金额达 241 万亿元，占比 76.3%。

## 三、人民币国际化在"一带一路"沿线国家取得显著进展

2018 年，中国与"一带一路"沿线国家办理人民币跨境收付金额超过 2.07 万亿元，占同期人民币跨境收付总额的 13.1%。截至 2018 年末，中国与 21 个"一带一路"沿线国家签署了本币互换协议，在 8 个"一带一路"沿线国家建立了人民币清算机制安排，有 6 个"一带一路"沿线国家获 RQFII 试点，人民币与 9 个"一带一路"沿线国家货币实现直接交易、与 3 个沿线国家货币实现区域交易。

2018 年，中国与周边国家跨境人民币结算金额约为 3.1 万亿元，同比增长 46.3%，高于同期全国跨境人民币结算额增幅。其中与尼泊尔跨境人民币结算额同比增长 9 倍，与白俄罗斯增长 7 倍，与新加坡、韩国、俄罗斯、泰国等 13 个国家增长均超过 50%。俄罗斯、新加坡、韩国、泰国、柬埔寨等 15 个国家央行已将人民币资产纳入其外汇储备。

# 第三节　人民币国际化发展前景

人民币国际化规模扩张自 2015 年明显减速，2016 年以来大幅收缩，其原因在于前期人民币国际化的模式在新形势下难以为继。从前期人民币国际化实践看，央行是以"贸易结算＋离岸中心"的模式推进人民币国际化的，境

外持有人民币意愿更多地建立在人民币单向升值预期之上。然而，随着国内外形势变化，特别是自 2015 年 8 月人民币汇率形成机制改革以来，人民币汇率在波动中呈现持续贬值态势。随着人民币升值预期逆转，境外持有人民币的意愿锐减，为减少离岸市场对人民币汇率的负面影响央行被迫收紧离岸人民币流动性，离岸人民币持有规模大幅下滑。不过，人民币国际化在"量"上出现后退并不意味着"质"的倒退。事实上，随着体制机制构建，重新加快人民币国际化动能和基础均已发生实质性变化，行稳致远、水到渠成乃大势所趋。

## 一、支撑人民币国际化的体制机制日趋完善

2015 年"811 汇改"后，2017 年央行在人民币兑美元中间价形成机制中引入逆周期因子，人民币汇率弹性增加的同时，稳定性增强，有效提升了市场对人民币信心。随着世界经济形势好转、中国经济基本面更加稳健，人民币汇率自 2017 年下半年以来呈现稳中偏强特征。资本账户开放稳步推进，人民币跨境业务政策不断完善，央行跨境人民币管理工具不断优化。总体看，随着相关体制机制不断完善，人民币国际化市场环境更加优化，服务于实体经济、促进贸易投资便利化导向更加突出，跨境投融资更加便利。

## 二、人民币国际化基础设施更加坚实

作为中国的关键金融基础设施，人民币跨境支付系统（CIPS）于 2015 年 10 月启动。CIPS（一期）的成功上线是人民币全球清算系统持续高效发展的重要里程碑，为持续推动人民币国际支付奠定了坚实基础。截至 2017 年底，CIPS 共有 31 家直接参与者，690 家间接参与者（其中亚洲 517 家，欧洲 88 家，北美洲 25 家，大洋洲 17 家，南美洲 16 家，非洲 27 家）。目前，CIPS 正在为系统二期做准备。此外，CIPS 实现了与 SWIFT gpi 的系统支持。目前全球有 110 多家银行加入了 SWIFT gpi，中国有 13 家。借助 SWIFT gpi，在世界各地发起的任何规模的人民币支付均可当前完成，大大提高了人民币跨境支

付的便利性、透明性、可追溯性、安全及合规性。从而便利众多银行借助 SWIFT gpi 提供遍及全球的跨境支付服务。

## 三、人民币国际化模式更加优化

自 2009 年 4 月以来，人民币国际化模式基本上是以"跨境贸易＋离岸中心"为主。目前看，2018 年将是人民币国际化走出调整阶段、重新加快发展的重要转折期。未来随着"一带一路"建设的推进，越来越多的中国企业将把人民币作为基建和产业项目投资的默认结算货币，沿线国家企业使用跨境人民币产品和服务的潜力不断释放，尤其便捷的电子支付将加快拓展人民币境外使用，为人民币国际化注入新动能，推动人民币国际化模式更加优化，逐渐向"跨国投资＋在岸市场/离岸市场"转变。

# 第五章

# 人民币汇率制度沿革概览

党的十一届三中全会召开后，作为经济体制改革的重要组成部分，人民币汇率制度启动了市场化改革进程。迄今为止，人民币汇率制度已历经四次重大变革。

## 一、人民币汇率由单一汇率制度转向双重汇率制度（1981—1993 年）

1979 年 8 月，国务院决定改革我国汇率制度，1981 起正式试行。截至 1993 年底，双重汇率制度经历了两个阶段演变：

第一阶段（1981—1984 年），人民币汇率实行内部结算价和官方公开牌价并存的双重汇率制度。内部结算价为 1 美元兑换 2.8 元人民币，仅适用于货物贸易进出口的内部结算。官方汇率公开牌价仍沿用之前的钉住一篮子货币的可调整的钉住汇率制，1984 年底，人民币兑美元汇率为 1 美元兑换 2.3 元人民币。

第二阶段（1985—1993 年底），人民币汇率取消内部结算价，实行官方汇率与外汇调剂市场汇率并存的汇率制度。官方汇率从 1985 年的 1 美元兑换 2.8 元人民币逐步贬值至 1993 年底的 1 美元兑换 5.8 元人民币左右。外汇调剂市场汇率波动频繁，在央行的干预下，1993 年下半年基本稳定在 1 美元兑换 8.7 元人民币的水平。

## 二、人民币汇率并轨，实行以市场供求为基础、单一的、有管理的浮动汇率制（1994 年 1 月—2005 年 7 月）

1993 年 11 月，中共中央十四届三中全会在《关于建立社会主义市场经济体制若干问题的决定》中提出"建立以市场为基础的有管理的浮动汇率制度"的改革方向。1994 年 1 月 1 日人民币汇率完成并轨，实行单一汇率。同年 4 月份，全国统一的外汇市场正式运行。自此，我国正式实行以市场供求为基础的、单一的、有管理的浮动汇率制度，汇率形成机制由企业结售汇、银行外汇结算头寸限额和中央银行干预三位一体构成。在这种制度安排下，外贸企业只能持有外汇账户限额以内的外汇，外汇专业银行只能持有周转限额以内的外汇，进入外汇市场的交易主体需要取得经严格审批的会员资格，而央行一直在其中担当最终市场出清者的角色，在汇率形成过程中起决定性作用。

自人民币汇率并轨后，我国外汇市场上一直供大于求，外汇储备增长迅速，人民币汇率稳中有升，从 1994 年 1 美元兑换 8.7 元人民币逐步升值到 1 美元兑换 8.3 元人民币的水平。1997 年"亚洲金融危机"爆发后，为防止亚洲金融危机期间周边国家和地区货币轮番贬值的进一步扩散，中国政府承诺人民币不贬值，自 1998 年初起主动将人民币兑美元汇率基本稳定在 8.28 元左右的水平，为抵御危机发挥了重要作用，为亚洲乃至全球经济的复苏做出了巨大贡献。1999 年，国际货币基金组织把中国列为单一钉住美元的汇率制度。

## 三、实行以市场供求为基础、参考一篮子货币进行调节、有管理的浮动汇率制度

2005 年 7 月 21 日，我国再次启动人民币汇率形成机制改革，实行以市场供求为基础、参考一篮子货币进行调节、有管理的浮动汇率制度。人民币汇率不再盯住单一美元，而是按照我国对外经济发展的实际情况，选择若干种主要货币，赋予相应的权重，组成一个货币篮子。同时，根据国内外经济金融形势，以市场供求为基础，参考一篮子货币计算人民币多边汇率指数的变化，对人民币汇率进行管理和调节。

2005 年 7 月 21 日人民币对美元汇率中间价一次性调高 2%，为 8.11 元人民币兑 1 美元，作为次日银行间外汇市场交易中间价。2006 年 1 月银行间即期外汇市场引入询价交易方式，同时保留撮合方式。银行间外汇市场交易主体既可选择以集中授信、集中竞价的方式交易，也可选择以双边授信、双边清算的方式进行询价交易。同时在银行间外汇市场引入美元做市商制度，为市场提供流动性。2007 年 5 月银行间即期外汇市场人民币对美元交易价浮动幅度由 0.3% 扩大至 0.5%，银行间外汇市场非美元货币对人民币汇率的波动区间扩大至上下 3%，外汇指定银行为客户提供当日美元最高现汇买卖差价不得超过当日汇率中间价的幅度由 0.25% 扩大到 1%，取消非美元货币挂牌汇价的价差幅度限制。

2008 年 9 月金融危机爆发后至 2010 年 6 月，为应对金融危机影响，我国收紧了人民币兑美元汇率的波动区间，将美元兑人民币汇率基本控制在 6.81—6.85 元的区间内。

2010 年 6 月，人民银行宣布在 2005 年汇改的基础上进一步推进人民币汇率形成机制改革，增强人民币汇率弹性。2012 年 4 月银行间即期外汇市场人民币对美元交易价浮动幅度由 0.5% 扩大至 1%，外汇指定银行为客户提供当日美元最高现汇买卖差价不得超过当日汇率中间价的幅度由 1% 扩大至 2%，人民币汇率弹性进一步加大。

## 四、实行"收盘汇率 + 一篮子货币汇率变化"的人民币兑美元汇率中间价形成机制

2015 年 8 月 11 日，中国人民银行对汇率中间价形成机制进行重大改革。即做市商在每日银行间外汇市场开盘前，参考上日银行间外汇市场收盘汇率，综合考虑外汇供求情况以及国际主要货币汇率变化，向中国外汇交易中心提供中间价报价，逐渐形成"收盘汇率 + 一篮子货币汇率变化"的人民币兑美元汇率中间价形成机制。此次汇率形成机制改革针对之前中间价与前日收盘价连接性很弱、市场未能在汇率形成中发挥决定性作用的弊端，同时央行一次性释放 3% 人民币贬值压力。此外，人民币对美元汇率浮动区间自 2014 年 3

月已由1%扩大至2%。由此,新的中间价形成机制加之单日浮动幅度扩大,使得人民币对美元汇率的弹性加大。2017年5月,外汇市场自律机制在中间价报价模型中引入"逆周期因子",形成"收盘汇率 + 一篮子货币汇率变化 + 逆周期因子"的人民币兑美元汇率中间价形成机制。此后根据市场情况暂停逆周期因子的使用,2018年重启中间价报价"逆周期因子"。

# 宏观调控篇

# 第六章

# 美国宏观调控实践经验及启示

美国政府宏观调控的实践始于 20 世纪 30 年代大危机时期的罗斯福新政，但直到 1946 年《就业法案》出台，才首次明确联邦政府宏观调控的职责，并确立了履行相关职责的程序和政策，提出宏观调控政策目标是"促进最大化的就业、产出和购买力"。此后，在反经济周期和应对危机的宏观调控实践中，美国财政和货币政策在调控规则、理论依据、调控手段等方面历经变迁，积累了丰富的经验和教训，是宏观经济管理中最具借鉴意义的经典案例。

## 第一节　美国财政政策变迁

### 一、罗斯福新政实践

为应对 20 世纪 30 年代的经济大萧条，罗斯福政府改变了政府不干预经济的立场，采取一系列"反危机"措施，其中包括多项扩张性财政政策，如扩大财政支出建立社会保障体系，兴办公共工程带动就业，支持中小企业发展，给予农产品价格补贴等。"罗斯福新政"对经济走出危机起到了积极作用，但对就业改善效果不明显。新政最深远的影响是美国财政政策发生重大转变，财政预算平衡的纪律被财政赤字长期化打破，政府之手开始积极干预宏观经济运行。

## 二、战后到 20 世纪 50 年代补偿性财政政策

凯恩斯《通论》的政策主张是针对经济危机的扩张性财政政策。"二战"后，美国经济学家汉森等人在凯恩斯理论基础上，提出了补偿性财政政策，即根据宏观经济情况的变化，主动安排各项"反经济周期"措施，交替实行紧缩性和扩张性政策，用财政支出的增加（减少）补偿私人投资和私人消费的减少（增加），消除经济周期波动，使经济稳定增长，实现充分就业。在上述观点支配下，美国自战后一直到 20 世纪 50 年代都是实行补偿性财政政策。从政策实践效果看，其间经济波动幅度有所缓和，但补偿性政策选择的时机和力度很难把握，政策失误频仍，经济增长速度非常缓慢，政府财政赤字屡创新高，失业率居高不下并呈现不断上升势头。后人称这一时期为"艾森豪威尔停滞"。

## 三、20 世纪 60 年代"增长性"财政政策

为走出经济萧条，肯尼迪政府将经济增长作为扩张性财政政策目标。为此，肯尼迪政府实行大规模赤字财政政策和刺激性减税政策，首次在非衰退期间利用财政政策刺激经济增长，开启了将短期扩张性财政政策运用到长期经济增长中的先例。此后的约翰逊政府承袭了肯尼迪政府的政策，并进一步扩大联邦政府对教育和医疗卫生领域的投入。然而，短期扩张性财政政策长期化导致政府财政连年赤字，推升了通货膨胀，削弱了经济自主发展动力，美国经济步入滞胀时代。

## 四、20 世纪 70 年代应对滞胀财政政策

尼克松总统在入主白宫初期曾将降低通胀率、削减财政赤字作为主要目标，但面对失业率攀升，随即采取扩张性财政政策刺激经济复苏，同时采取物价管制控制通货膨胀。但是，管制带来的价格扭曲反而刺激物价上升。从

整个 20 世纪 70 年代看，尼克松、福特和卡特历任总统都曾短暂努力削减赤字，但最终还是采取扩张性财政政策。1979 年 12 月，通胀率高达 13.3%，失业率 7%，人均 GDP 持续 6 年负增长，政府财政赤字约 600 亿美元，联邦开支占 GDP 比重约 23%。总需求管理的凯恩斯主义财政政策已步入绝境，日益严峻的经济形势逼迫美国财政政策开始了根本性转变。

## 五、20 世纪 80 年代以供给管理为核心的财政政策

里根政府上台后，以供给学派经济理论作为财政政策原则，核心是减少政府干预、充分发挥市场机制的自发调节作用，通过减税扩大产品和劳动力供给，进而提高收入，拉动经济增长。里根大刀阔斧地改革税制，先后两次大幅度削减个人所得税和企业所得税的税率。但是政府支出却因军事、利息、社会福利与保障等方面的开支刚性无法缩减，财政政策仍然是持续扩张，尤其是国防开支大幅上升，在联邦政府总预算中的比重由 1980 年的 23.6% 升至 1985 年的 26.8%。不过，大量国防开支转入民间制造业部门和高科技研究机构，成为技术创新的重要推动力量，为国民经济的长期发展打下基础。里根经济政策使美国经济走出了"滞胀"，但是却导致了高赤字和高债务，并最终导致巨额贸易逆差。

1989 年布什政府执政后，将缩减赤字作为首要目标，但其提高税收、缩减军费开支和福利支出的计划很快被海湾战争和经济衰退（1990 年美国进入战后第 9 次衰退）打断，布什政府随即在 1991 年 12 月开始采取扩张性财政政策，但并未取得明显效果，1992 年 GDP 增速回升至 2.7%，但失业率仍高达 7.5%。

## 六、20 世纪 90 年代克林顿政府的结构性财政政策

在美联储中性货币政策的配合下，克林顿政府通过推行结构性财政政策将改善财政状况和促进经济发展有机地结合起来。税收政策方面，提高个人所得税和公司税率同时，对新技术开发、新企业创建实行税收减免，对低收

入者实施减税。财政支出方面,大幅精简政府机构,大幅削减军费开支,但增加了交通、通信等基础设施方面的"资本性支出"。高度重视提高美国技术竞争力,通过财政政策倾斜,包括税收、财政科研支出、政府采购等,对信息技术为核心的高新技术产业进行扶持。克林顿政府以"积极的财政保守主义"为核心的财政政策获得巨大成功,1993—2000 年,美国经济取得了过去30 年以来最好的成就。经济繁荣的动力来自私人部门,而政府为经济发展构建了良好的宏观环境。特别是克林顿第二届任期内,GDP 年均增长率达到4.5%,失业率降至 4%的水平,1998—2000 年连续三年联邦预算实现盈余。

## 七、2000 年以后的美国财政政策

小布什总统上任后,其财政政策与里根经济学颇为相似,出台多个减税法案,大幅提高国防支出。2001 年 6 月签署《2001 年经济增长和减税调节法案》,计划在 10 年内减税 1.35 亿美元,是美国历史上 1981 年以来减税规模最大的法案。"911"事件后布什很快敦促国会通过 400 亿美元的反恐怖和经济重建计划、150 亿美元航空业重建计划,2002 年 1 月布什签署《国防拨款法案》,进一步扩大国防开支。2002 年 3 月推出 1230 亿美元经济刺激法案等。

然而,美国经济自 2001 年以后开始放缓。美国国家经济研究局的商业周期监测委员会发现,为期十年的经济增长扩张结束于 2001 年 3 月,"911"恐怖袭击使原本严峻的经济形势雪上加霜。布什政府财政政策导致联邦预算很快由盈余转为赤字,2001 年布什到任时有 1280 亿美元财政盈余,2006 财年财政赤字已高达 1590 亿美元。为此,布什在第二任期内开始削减财政赤字的努力。但随着 2007 年次贷危机爆发后,布什政府以及此后上台的奥巴马政府开始积极扩张财政政策应对金融危机。

2017 年特朗普政府上台后,采取简化税制、降低税率、放松金融监管等经济政策,体现出从供给侧发力的特点。

# 第二节 美国货币政策变迁

## 一、货币政策目标

美国货币政策由美联储制定和实施。美联储成立于 1913 年，由联储委员会、联储分行和公开市场委员会（FOMC）组成。当时《联邦储备法案》并没有给货币政策设置宏观目标，只是要求联储"提供有弹性的通货"，以建立安全、灵活、稳定运行的货币和金融体系，目的是要联储承当"最后贷款人"角色，避免 19 世纪的金融恐慌和崩溃。

"二战"结束后，美联储获得更多的独立性，货币政策逐渐成为宏观调控的重要组成部分。1978 年《充分就业和平衡增长法案》进一步明确了美联储的职责：制定并负责实施有关的货币政策；对银行机构实施监管，保护消费者合法的信用权力；维护金融系统稳定；向美国政府、公众、金融机构、外国机构等提供可靠的金融服务。其中，货币政策目标定为努力促进"最大化就业，物价稳定，中长期利率平稳"。自此，货币政策在美国宏观经济调控中的重要性逐渐显现。

20 世纪 70 年代，"滞胀"导致美联储货币政策目标难以调和，货币政策操作失误频频。尽管 20 世纪 70 年代高通货膨胀的直接原因是 60 年代末期越战导致的扩张性财政政策、1973—1974 年和 1979—1981 年两次石油冲击，但货币政策实施不当是导致高通货膨胀持续的主要原因。20 世纪 80 年代初，时任美联储主席的沃尔克将反通胀作为唯一指标，以经济衰退的代价将通货膨胀率从 1980 年的 12.4% 降至 1982 年的 3.9%，此后美国进入了低通货膨胀时代。

1987 年格林斯潘任美联储主席后，逐渐以"中性"货币政策来取代此前的以刺激经济为目标的货币政策，即美联储通过调控实际利率使其对经济既不起刺激作用也不起抑制作用，从而使经济以其自身的潜能在低通货膨胀下持久稳定增长。

2005 年伯南克任美联储主席以来，努力推进货币政策决策的透明度。2012 年 1 月美联储首次明确长期通胀目标为 2%，测量指标为个人消费支出价格指数（PCE）。同年 12 月，美联储将宽松货币政策退出与失业率低于6.5%，1—2 年内通胀预期小于 2.5% 两个经济指标挂钩。

## 二、货币政策工具

美联储货币政策的三个主要工具是：公开市场业务（买卖政府债券）、贴现率政策（确定贴现率，成员银行可按照这个利率从联储借贷资金）和法定准备金政策（改变对银行及其他金融机构存款法定准备金比率的规定）。

### （一）公开市场业务

美联储货币政策操作主要是利用公开市场业务，改变一些中间目标，如利率、货币供应量等，达到稳定物价、实现充分就业的最终目标。

20 世纪 50 年代和 60 年代，美联储将短期利率和超额准备金作为中间目标。当短期利率超过目标水平时，美联储就在公开市场上购买债券，促使债券价格上升，推动货币市场利率降至美联储的目标水平，反之则反向操作。当银行超额准备金增加时，美联储就通过公开市场业务吸收银行资金，反之则注入资金。

1970—1978 年，美联储将货币总量（M1 和 M2）增长率和联邦基金利率作为中间目标。由于实际操作中货币总量目标与利率目标常常冲突，于是美联储将利率目标作为优先考虑目标。尽管如此，货币政策调控仍然难以兼顾两个目标，政策效果忽紧忽松，而且常常滞后。

1979 年，美国货币政策转向以货币总量为中介目标，并确立了 M1、M2和 M3 三个层次的货币增长目标。但是，在货币政策实际操作中，货币供应量与 GDP 之间的关系越来越不稳定，1987 年，美联储放弃 M1 指标。

1993 年 2 月，美联储主席格林斯潘宣布鉴于"货币总量似乎并不能可靠地显示经济发展和价格压力"，放弃以货币总量为中介目标。自此，美联储通过设定联邦基金利率（银行间短期拆借利率）的目标值实施货币政策调控。

### （二）贴现率政策

在第二次世界大战以前，调整贴现率是美联储的主要货币政策工具，此后美联储很少使用。直到 2008 年金融危机期间，美联储创新诸多工具、积极运用贴现窗口贷款向商业银行、商业票据市场等发放贷款。

### （三）法定准备金政策

美国 1980 年颁布的《货币控制法》规定，美联储可以对交易账户和定期存款账户分别制定最高 18% 和 9% 的准备金率，该法案还允许美联储在最长一年的期限内，对银行业的任何类型债务任意制定准备金率。为了防止银行发行其他未规定准备金率的债务来逃避准备金要求，《货币控制法》还赋予美联储对任何非存款资金来源施加准备金要求的权力。与公开市场操作相比，法定存款准备金率工具影响巨大，因此很少使用。自 1938 年以来美联储从未提高过任何类型的法定存款准备金率。最近一次使用是 1992 年，美联储将所有规模以上（超过 5500 万美元）的支票账户准备金率从 12% 降至 10%，此后再未使用过该工具。

# 第三节　美国收入政策变迁

美国宏观调控极少使用价格管制等收入政策。1962 年，为了在不引起通货膨胀的情况下推动经济增长，肯尼迪政府为物价和工资的变动设置了"指导线"，声称劳资双方有责任遵守"指导线"，这是美国首次在和平时期出台此类"自愿性物价与工资管制"的收入政策。该政策并未强制实施，加之受到劳资双方的抵触，最终不了了之。

20 世纪 70 年代期间，为应对滞胀，尼克松总统和卡特总统执政期间分别实施过收入政策。1971 年 8 月尼克松总统宣布实施冻结工资与物价的价格管制措施，"不准提高物价，既不准提高工资、租金、利息、收费，也不准提高股利"（尼克松 1971 年 8 月 15 日讲话），原定 90 天的管制一直到 1974 年 4 月最终全部解除。管制结果不尽人意，管制期间一般物价水平年均上升 6.6%，大大高于管制前水平。

此后上台的卡特总统在其实施的反通货膨胀计划中，强调实行自愿限制工资和物价的增长，要求自 1979 年起工资增长不得超过 7%，物价上涨幅度至少比 1976 年、1977 年的平均数低 0.5%，一旦通货膨胀率超过 7%，遵守合同的工人可获减税，违背协议的要受制裁。1979 年美国通货膨胀率上升到13.3%，1980 年 4 月 17 日卡特在白宫宣布反膨胀计划宣告失败。

## 第四节　美国应对 2008 年金融危机的宏观调控举措

自 2007 年 12 月起，美国经济步入衰退。面对"二战"以来最严重的金融危机，美国政府出台大力度宏观调控措施，创新多项货币政策工具，财政政策深度介入微观经济运行，干预频率之高和幅度之大远超以往的实践和惯例。

### 一、财政政策

#### （一）密集推出经济刺激方案紧急救市

2008 年 2 月，布什政府出台了规模 1460 亿美元的经济刺激法案应对危机。同年 10 月，美国国会通过了资金总额 7000 亿美元的问题资产救助计划。奥巴马执政后，次贷危机愈演愈烈。2009 年 2 月，国会通过了 7870 亿美元的一揽子经济刺激方案，即《复兴和再投资法案》，这是"二战"以来美国政府最庞大的开支计划。该法案目的：保留并创造工作机会及促进经济复苏；援助受经济衰退影响最严重的个人或者机构；通过激励科学和健康方面的技术进步来增加提高经济效率所需要的投资；投资于交通、环境保护和其他会带来长期经济效益的基础设施；稳定联邦和地方政府的预算。

#### （二）推动金融改革和促进就业增加

2009 年 6 月起，美国经济开始触底回升。随着经济形势渐趋稳定，财政政策核心从救市转向金融改革和创造就业。推出《多德－弗兰克华尔街改革与消费者保护法案》，进行规则和监管机构的改革，包括全面提高金融机构责任和金融交易透明度，终止政府用纳税人的钱补助企业，限制大金融机构规模过度扩张和参与高风险业务，加强对消费者的保护和改革金融监管体系等。

此后连续推出多项法案，通过多种渠道促进就业。如《小企业就业法案》和《员工雇佣法案》，通过向小企业提供贷款援助和税收减免，增加对教育、清洁能源项目和交通基础设施建设投资等举措促进就业增加。《国家出口指导》和《税收减除、失业保险重新授权和创造就业法案》，通过推动出口增长、重振美国制造业等增加新就业岗位。

### （三）逐步转向稳固财政

扩张财政政策导致财政赤字猛增，2009 财年财政赤字高达 1.4 万亿美元，2010 财年为 1.29 万亿美元。2011 年 8 月，美国参众两院就提高政府债务上限和削减财政赤字达成协议，通过了《2011 年预算控制法案》。2013 年起，美国财政政策开始趋于紧缩。2013 年 1 月起，上调薪资税，3 月起公共部门全面减支。2013 年财年将削减 850 亿美元支出，2014 年削减 1090 亿美元支出。据国会预算办公室最新预测（5 月），在截止 9 月 30 日的本财年，美国赤字与国内生产总值（GDP）之比将为 4%，2014 财年将接近 3.4%，而 2015 财年这一比率将降至 2.1%。美国财政渐趋稳固将有利于宏观经济的健康运行。

## 二、危机中美联储的应对措施

### （一）降低联邦基金利率

2007 年 9 月至 2008 年 12 月，美联储将联邦基金利率从 5.25% 降至 0—0.25% 历史最低水平，一直到 2015 年 12 月方才启动首次加息。

### （二）创新金融工具积极利用贴现窗口提供贷款

由于银行间市场运行失灵，美联储难以通过公开市场业务向商业银行注资。美联储于 2007 年 12 月 12 日创立定期拍卖工具（TAF），商业银行通过拍卖程序获得向美联储贷款的权利，贷款需要提供抵押，利率由拍卖决定。此外，美联储还创新商业票据融资工具（CPFF）、一级交易商信用工具（PD-CF）、定期资产支持证券贷款工具（TALF）、资产支持商业票据和货币市场共同基金流动性工具（AMLF）分别向资信好的公司、一级交易商、资产支持证券发行机构、存款机构提供贷款，向市场注入流动性，阻止金融体系崩溃。

### （三）建立货币互换机制

2007 年 12 月，美联储与其他 14 国中央银行（主要借款者是欧央行和日本央行）建立了货币互换安排。根据这项安排，美联储向外国央行提供美元流动性，防止国外美元流动性紧缺加大美国金融市场风险。2008 年 12 月贷款规模达到 5800 亿美元峰值，2010 年 2 月该项操作一度中止，后随着欧债危机升级于当年 5 月重启，此后再次延长至 2011 年 8 月。2013 年，美国将全球六大央行流动性货币互换机制长期化。

**（四）实施量化宽松货币政策降低长期利率**

从 2008 年 11 月至 2010 年 6 月，美联储购买了约 1.35 万亿美元的政府债券、抵押贷款证券和其他"有毒资产"；第二轮从 2010 年 8 月至 2011 年 6 月，美联储再次收购 0.6 万亿美元的政府长期债券。2011 年 9 月，美联储推出国债扭曲操作的货币政策（OT）①，宣布 2012 年 6 月底以前购买 4000 亿美元的剩余期限在 6—30 年的美国国债，同时出售等量剩余期限在 3 年以下的美国国债。2012 年 6 月，美联储将扭曲操作延长至 2012 年底，增加 2670 亿美元额度；2012 年 9 月美联储推出第三轮量化宽松，每月购买 400 亿美元的机构抵押支持债券（MBS）。同年 12 月，美联储宣布每月购买 850 亿美元债券（400 亿美元 MBS 和 450 亿美元长期国债），同时将联邦基金利率维持在 0—0.25% 的水平，直到失业率降至 6.5% 以下、未来 1—2 年通胀预期高于 2.5%。直到 2017 年 10 月，美联储才开启缩减资产负债表进程。

# 第五节　美国宏观调控政策效果评价及启示

## 一、效果评价

### （一）相机抉择宏观调控政策效果并不理想

"二战"后至 20 世纪 80 年代初，美国一度实施相机抉择的宏观调控政策，主动安排各项"反经济周期"措施，交替实行紧缩性和扩张性政策，用

---

① 所谓扭曲操作，就是央行在卖出（买入）较短期限国债的同时，买入（卖出）等额较长期限的国债，通过这一操作，抬高（降低）短期国债收益率，降低（抬高）长期国债收益率。降低（提高）企业长期融资的成本，推动（抑制）经济增长。

财政支出的增加（减少）补偿私人投资和私人消费的减少（增加），同时货币政策积极配合扩大（减少）货币供给量，意图消除经济周期波动，促使经济稳定增长，实现充分就业。从政策实践效果看，由于对经济运行周期趋势很难判断，加之政策发挥作用存在时滞，相机抉择政策选择的时机和力度很难把握，反而延缓了经济结构调整，降低了经济运行效率，最终导致经济增长速度非常缓慢，政府财政赤字创新高，失业率居高不下并呈现不断上升势头。

**（二）低利率持续时间过长以及此后快速升息导致资产泡沫的形成及破裂**

2000 年互联网泡沫破灭后，美联储自 2001 年 1 月至 2003 年 6 月持续 13 次降息，将联邦基金利率由 6.5% 降至 1%，并将该利率维持 1 年之久。美国金融危机调查委员会认为，美联储长期维持低利率助长了房地产泡沫。而此后，自 2004 年 6 月至 2006 年 6 月美联储连续 17 次升息，将联邦基金利率由 1% 快速升至 5.25%。2007 年 2 月起，次级抵押债券的重要参与者新世纪金融公司、美国住宅抵押公司、贝尔斯登等公司纷纷宣布破产或陷入财务危机，美国住房市场泡沫随着破裂。

**（三）2008 年金融危机应对显示出美国宏观调控机制的灵活性、适应性及有效性**

20 世纪 30 年代以来，美国政府宏观调控一直通过间接手段和改变规制弥补市场失灵，避免直接干预企业运行。2007 年次贷危机爆发后，美国政府意识到此次危机与以往的衰退截然不同，此次衰退源于风险的过分低估和过度杠杆化，对风险的再评估导致金融市场失灵。当意识到危机的严重性后，美国政府立即摒弃干预纪律，直接插手微观市场运行。美联储采取多种创新工具向市场注入流动性，国会连续出台相关法案，保障政府传统救助方式与非常规财政政策的顺利实施，相关监管机构出台临时性交易规则缓解市场恐慌，与此同时启动医疗、金融监管等重大改革。政府救助涵盖商业银行、其他金融机构、货币市场基金、资产债券抵押机构、制造业企业等各个领域机构，对微观经济干预频率之高和幅度之大远超以往的实践和惯例，充分显示出美国政府之手干预市场的灵活性和适应性。总体看来，这次危机救助对缩短美国经济衰退时间、防止更多企业和家庭破产、稳定市场信心、保持社会稳定发挥了重要作用。

## 二、启示

### （一）宏观调控政策注重短期总需要管理与长期供给管理并重、危机紧急应对与重大改革兼顾

20 世纪 80 年代前，美国宏观调控主要以凯恩斯总需求管理为理论指导，奉行财政政策和货币政策互相配合、相机抉择的调控原则，并将短期调控政策长期化以促进经济增长，最终将经济推向"滞胀"，宏观调控陷入困境。20 世纪 80 年代以后，美国宏观调控逐渐转向更加注重供给管理。财政政策一方面针对经济萧条进行短期减税或局部结构性减税，目的是扩大总需求水平。另一方面，着眼于税收结构的调整和长期税负水平的改变，目的是促进技术进步、增强私人部门活力，改变社会对耐用消费品的长期需求和增强社会长期供给能力，为经济长期发展培育内生动力。在大多数时间里，反经济周期的宏观调控主要依托货币政策。货币政策以一种"中性"的理念制定和实施，即尽量不干扰市场，保证市场机制顺畅有效地配置资源。

在面对重大金融危机时，美国一方面出台紧急财政政策和货币政策防范危机蔓延、阻止经济衰退，另一方面，在缜密调查和反思的基础上，将危机作为推动重大改革的时间窗口。2009 年 7 月通过了 20 世纪 30 年代大萧条以来最全面、最严厉的金融改革法案《多德－弗兰克华尔街改革与消费者保护法案》。

### （二）财政政策调控措施有明确有效期，既有利于政策效果检验和政策校正，同时也防止对扩张财政政策的过度依赖

美国财政政策确定之前，需要经过多次论证，经国会通过后成为法案。法案中的具体条款不仅有明确的政策意图，而且都有实施的具体时限。在终止日期之前，如果国会认为该政策还有必要继续使用，则会通过新的法案对该条款进行延期。如小布什政府在 2001 年及 2003 年推出《经济增长与税收减免协调法案》以及《就业与增长税收减免协调法案》定于在 2010 年底到期。2010 年奥巴马政府出台的《2010 年税收减免、失业保险再授权和就业创

造法案》中的一系列税收优惠措施中，就包括 2001 年、2003 年和 2009 年三部法案中税收优惠政策期限延长至 2012 年 12 月 31 日。这种做法既有利于保证财政政策的时效性，也有利于对政策实施效果及时检讨，杜绝政策出台和实施的随意性，提高了政策决策的缜密性和科学性。与此同时，也防止各党派出于政治等原因过度依赖财政扩张政策，对经济运行带来损害。

**（三）货币政策保障独立性的同时，不断趋向透明性和可预期性**

美国税收政策、支出政策和贸易政策等制定当局划分为立法部门和行政部门，但货币政策由美联储独立制定，保障了宏观经济调控中货币政策不受政治因素的干扰。在货币政策操作中，美联储及时向市场表达政策意图。为增加透明度，美联储 2012 年底将货币政策与通胀目标和失业率直接挂钩。如此，有利于建立起稳定的公众预期，降低金融市场的波动性，引导微观主体有序配置资源，同时也对央行公信力施加了自我约束。

**（四）金融危机中宏观调控政策工具和方式应顺势而变**

在 2008 年金融危机应对中，美国货币政策和财政政策均出现了明显的变化。货币政策方面，美联储推出诸多创新工具提供贷款、实施量化宽松等非常规货币政策降低长期利率。财政政策方面，一是政府运用财政资金直接向金融机构和企业注资，如美国财政部实施不良资产救助计划（TARP），直接参股花旗银行、摩根大通、通用汽车等。二是更加注重通过增加财政开支的多样性和结构性减税，为经济振兴奠定基础。如《2009 年美国复苏和再投资法》加大了在基础设施、教育、医疗、新能源领域的投资。此外，金融监管部门还强力改变市场规则以稳定金融市场。2008 年 7 月，美国证监会颁布紧急交易规则，临时禁止投资者卖空部分金融机构的股票，包括房利美和房地美、主要商业银行等。2009 年 4 月，美国财务会计标准委员会修改会计规则，允许企业按照资产的真实价值给保有的资产估价，缓解了"按市值计价"导致银行大规模减记资产给市场带来的巨大冲击。

# 第六节　美国对国际金融危机的反思

2009 年 8 月，美国金融危机调查委员会（Financial Crisis Inquiry Commission）成立，旨在"调查现阶段美国金融和经济危机的成因"。2010年12月，调查委员会提交了最终报告，这是官方首次详细披露金融危机的背景、过程及根源。只有认清危机才能防范危机，当经过客观分析、严格论证、深刻反思之后得出结论时，防范危机再次发生的政策也便内含其中了。

报告认为，导致金融危机的直接原因是多年积累的房地产泡沫的破裂，在这个过程中，货币政策导致的信贷市场持续低利率是助燃剂，而信用泛滥、监管放松和不良抵押贷款是此后一系列事件的导火索，最终导致了2008年秋天的全面金融危机。由于"规模太大不能倒闭"的金融机构之间错综复杂的关系，导致信用市场停滞、交易停止、股市崩盘，经济随之陷入萧条。

从深层次原因看，导致此次金融危机的主要因素如下：

一是人为的因素。报告认为此次金融危机是可以避免的，有很多信号预示危机的到来：次级债和其证券化数量激增，房地产价格毫无支撑的飙升，疯狂的借贷行为，房屋抵押债务的激增，金融公司交易呈指数型增长，缺乏监管的衍生品交易，短期回购协议信贷市场规模快速扩张，以及其他警告指标等。但是，监管机构、金融机构和投资者都无视了其中的潜在威胁，没有采取有效行动及时防范或者化解，本来可以避免的危机终于爆发，给美国及全球带来巨大损失。

二是金融监管缺失。具有强大实力的金融机构利用政治影响力影响了监管决策，削弱了监管力度。监管机构缺乏预防式监管的政治意愿和主动弥补监管空白的精神，对影子银行体系和场外衍生工具交易市场缺乏监管，2000年联邦政府和州政府立法通过废除OTC监管，是导致金融危机的一个关键因素。监管体系的权力和独立性对于维护金融稳定至关重要，否则将对于国家金融市场的稳定将是毁灭性的。

三是具有全局影响的大型金融机构存在严重的公司治理和风险管理缺陷。2005年，美国10大商业银行持有全国55%的工业资产，是1990年的两倍多。有观点认为大型金融机构本能的内控体系可以防范致命风险，无须日常外部监管，因为外部监管会遏制金融公司创新。事实上，大型商业银行和投资银行积极从事高风险交易行为，深度介入次级贷款业务领域，并且创造、打包、再打包再将数以万亿的抵押贷款证券出售，包括合成金融产品，使风险不断放大并波及全球。

四是过度借贷、高风险投资和透明度的缺失。低利率政策导致过度借贷和高风险投资，大量债务集中在房地产市场和抵押贷款市场上加大了金融机构和购房者脆弱性，房价下跌时他们迅速破产或陷入困境。银行通过表外业务放大了杠杆率，影子银行业务规模与传统银行业务规模相当，但未受到监管和制约。透明度缺失导致风险放大，加快了金融体系的崩溃。

五是政府应对金融危机的准备不足，相关措施缺乏连续性加重了金融市场的不确定性和恐慌。政府对金融市场的风险和相互联系缺乏全面的认识，没有制定出综合的、具有战略性的危机应对措施。如，拯救贝尔斯登，接管房利美和房地美，放弃雷曼，援助 AIG，政府处理大型金融机构的政策前后不一致，加大了市场的不确定性和风险。

六是问责机制和道德规范存在系统性的缺失。抵押贷款借贷标准过于宽松和抵押贷款证券化渠道无序扩张导致危机出现并蔓延，衍生品场外交易的推波助澜使金融危机进一步恶化。

七是信用评级机构的失职。三大评级机构是金融危机的推手，他们提高了抵押贷款相关证券的评级，助长了抵押贷款证券市场规模的急剧扩张，2007 年和 2008 年他们降低评级又将市场和公司推进危机。以穆迪为例，2006 年穆迪每天为 30 个抵押贷款相关证券提供 AAA 评级，而 83% 的 AAA 级抵押贷款证券一年内就被降级。没有评级机构的积极参与，抵押贷款相关证券市场不会发展到崩盘。

美国金融危机调查委员会委员美国企业研究所金融政策研究员彼得·J·沃利森对金融危机的原因持不同意见，他与同事阿瑟·F·伯恩斯认为：1992年以来政府不断强化的"居者有其屋"的住房政策是导致 2008 年经济危机的主要原因。这些政策鼓励房利美、房地美、全国金融公司以及其他机构在1997—2007 年间发放了 2700 万笔的次级贷款和准优级贷款，促使房地产泡沫形成。当房地产泡沫破裂后，其中多数贷款无力偿还，进而引发了持有次级抵押贷款或抵押贷款支持证券的大型金融机构的巨额损失和流动性匮乏。放松监管、监管缺位、过度借贷等因素尽管助长了危机的爆发，但并不是金融危机的决定性因素。

上述是美国"金融危机调查委员会"的主要观点及不同意见。美联储前主席伯南克认为，金融危机的主要原因在国内，即美国金融系统的糟糕表现以及政府部门监管的松懈。但是，海外投资者购买评级不当的 AAA 级美国证券拉低了利率、助长了过度冒险和举债行为，推升了美国房地产泡沫，是引发金融危机的间接因素。

2008 年置身救助漩涡的美国前财长保尔森认为金融危机原因有四点：①世界主要经济体中存在的结构性失衡导致大量资本流入，是推动美国金融体系过度扩张的重要源泉，结构性失衡是危机的根源；②美国监管制度已不适应时代和形势；③金融系统包括太多杠杆，这些杠杆嵌入众多复杂且不透明的金融产品中，金融系统资本和流动性资金等缓冲措施远远不足；④居于业界前列的金融机构规模过于庞大，结构复杂，金融资产高于集中和彼此关联性带来巨大风险。美国另一前财长蒂莫西·盖特纳认为，此次金融危机的根本成因是国会没有赋予监管机构足够的权力，来遏制"影子银行系统"中存在的风险。

# 环境治理篇

# 第七章

# 流域治理国际经验对长江
# 经济带协同发展的启示

　　流域治理是各国面临的共同问题，协同发展是流域治理能否成功的关键要素。西方发达国家工业化、城镇化进程起步早，流域污染在20世纪初已严重威胁当地社会经济发展，先污染后治理成为一个不得已的选择。诸多成功案例中，莱茵河、田纳西河一直是公认的典范。其中，莱茵河因其跨境协同污染治理取得显著成效而广受赞誉，田纳西河管理局将流域治理与区域经济发展协同推进取得令人瞩目的成就，其经验受到众多国家和地区效仿，对我国长江经济带更具有借鉴意义。本章将简要梳理莱茵河流域治理的经验和教训，重点研究田纳西河流域治理取得成功的经验和教训，对其运行机制、治理理念、操作模式、成就与失误等进行分析和探讨，以期得出可资借鉴的前车之辙。

## 第一节　莱茵河流域治理经验及教训

### 一、莱茵河流域治理历程

　　莱茵河发源于瑞士阿尔卑斯山脉，流经列支敦士登、奥地利、德国、法国、荷兰五个国家，到达荷兰的鹿特丹后注入北海，全长1232公里，流域面积18.5万平方公里，是欧洲最长的河流之一。莱茵河沿岸居住着5000多万人，其中约一半人口以莱茵河为直接水源。19世纪末，西欧工业化、城镇化进程加快，以德国鲁尔工业区为代表的多个工业区沿莱茵河分布，大量能源和重化工企业围河，工业废水、生活污水大量排入导致莱茵河水质急剧恶化。"二战"后，随着战后重建和工业化高速发展，莱茵河流域先后出现了严重的环境污染和生态退化问题，被称为"欧洲的下水道"。主要表现在以下方面：一是废弃物任意排放，水土污染严重；二是生态环境快速退化，生物多样性受损严重；三是流域洪水问题突出，经济损失不断增大；四是土地开发无序，次生灾害突出。面对着日益恶化的生存环境，1950 年 7 月，由荷兰提议，瑞士、法国、卢森堡、德国等国联合成立"保护莱茵河国际委员会"（ICPR），1963 年成员国签署了《伯尔尼公约》，通过实施限制污水排放、投资兴建生活和工业污水处理厂等举措，使莱茵河水质有所改善。1986 年 11 月，瑞士桑多兹化工厂仓库发生火灾，有超过 30 吨的农药随着大量的灭火用水排入莱茵河，导致下游超过 400 公里河段内的生物全部死亡。桑多兹污染事件成为莱茵河治理的关键转折点，1987 年 ICPR 各成员国制定了"莱茵河行动计划"，各国从控制河流污染源入手，建立了大量污水处理厂，并通过立法的方式保障河流治理工作的顺利进行。到 1994 年，ICPR 提前实现了绝大多数减排目标，工业污染源地区完全达到了减污 50% 的目标，很多污染物甚至减少了90%。据 ICPR 统计，成员国在整个莱茵河流域建立污水处理厂共花费 800 多亿欧元，污水处理厂不仅连接了化工企业，还连接了各大市镇，96% 以上人口产生的污水都有污水处理厂处理，莱茵河水质很快得到恢复，已经完全达到了饮用水源标准。

回看历史，莱茵河流域治理从 20 世纪 50 年代污水治理初始阶段，历经防止水质恶化综合治理阶段、生态修复提高流域生态质量阶段，到 21 世纪初则步入提高补充阶段。2001 年"莱茵河 2020 计划"发布，明确了实施莱茵河生态总体规划，随后还制订了生境斑块连通计划、莱茵河洄游鱼类总体规划、土壤沉积物管理计划、微型污染物战略等一系列行动计划，莱茵河流域治理已从被动性应对迫在眉睫的挑战，转向积极主动建设更高质量的生态环境。

## 二、莱茵河流域治理的管理与组织架构

莱茵河流域合作治理的核心机制是 1950 年成立的保护莱茵河国际委员会

（ICPR），ICPR 成员国包括瑞士、法国、卢森堡、德国、荷兰和欧盟，并与奥地利、列支敦士登、比利时和意大利组成九国协调委员会。莱茵河保护国际委员会由全体会议、秘书处以及技术机构组成，该委员会下设若干工作组，分别负责技术、水质监测、技术分析。委员会主席每三年轮流担任，全体会议每年与莱茵协调委员会一起举行。工作组和专家组负责处理实施《保护莱茵公约》和欧洲法律所产生的所有相关技术问题，做出决定后提交筹备全体会议的战略组，由全会做最终决策。莱茵部长会议行使最高权力，就具有政治重要性的事项做出决定，这些决定对有关政府具有约束力，以保障协调措施能够贯彻执行。ICPR 还设有政府组织和非政府组织参加的监督各国计划实施的观察员小组。ICPR 秘书处设在科布伦茨，负责编制所有会议的内容，负责组织会议，并以工作语言德语、法语和荷兰语提供语言支持。同时，秘书处负责公共关系，并为专家和有关人士提供联络。

在工作层面，保护莱茵河的国际合作由各缔约方指定的代表执行。每个国家代表团由代表团团长领导。工作依据的是《保护莱茵河公约》，以及需要在河区协调的欧洲指令或条例。各国政府的代表分成不同主题的工作小组，每年都会举行约 70 次正式会议，探讨莱茵河水资源保护和可持续利用。在基本协商制度的基础上，参与合作的各国在莱茵河沿岸，根据实际设立地方管理和流域生态康复项目，项目由各国的自然资源管理机构负责，并在各种国际利益集团，主要是非政府组织的广泛参与、承诺和努力下实施。为增强机制有效性，此外，尽管委员会主席按照规定期限轮转，但委员会的秘书长却总是来自最下游的荷兰，因为荷兰受水污染危害最大，对于治理水污染最有责任心和紧迫感，所以给予其较多发言权有利于提高治理效率。此外，2000 年 10 月，欧盟启用水框架指令（Water Framework Directives，简称 WFD），对欧盟各国实施统一的水资源管理给出了监测指导，针对监测规划的设计、监测的水体类型、监测参数、质量控制、监测的频率等制定了详细的监测要求，给出了明确的指导。同时，水框架指令中明确了水生态的监测，并在监测的基础上进行水体健康评价，对莱茵河水生态的恢复起到了重要的作用。

## 三、莱茵河流域治理的经验和教训

### （一）具有执行力的协调机构

莱茵河保护国际委员会成立初始，主要任务是应对日益严重的河流污染和水质恶化，但成员国合作意愿不强，治理收效甚微。直至 1985 年严重污染事件后，沿岸各国政府充分认识到了问题的严重性，经过协商同意，赋予该委员会更大的权力，莱茵河综合治理才开始取得明显成效。

### （二）设立科学合理的量化目标

ICPR 各成员国于 1987 年制定了"莱茵河行动计划"，提出用 10 年时间，将有害物质的排放量降低 50% 的目标，以珍贵鱼类重返莱茵河（"鲑鱼 2000"）为实现生态目标的重要标志，即到 2000 年让鲑鱼回到莱茵河。这些目标都是基于专家组、技术组充分论证提出，简洁、直观且易于为社会民众接受并监督。事实证明，经过强力治理，上述目标均提前完成，也佐证了目标的科学性。

### （三）实施严格健全的污染源排放管控制度

德国最早提出"谁污染谁买单"的主张，在 1976 年制定了《污水收费法》，向排污者征收污水费，对排污企业征收生态保护税，用以建设污水处理工程。此后，莱茵河流域国家均实行污染支付原则，排污费对排放污染物造成的环境损失成本全覆盖。通过该政策，促进企业改进生产技术，推动落后产能和高污染企业退出。该措施使得莱茵河沿岸污染物的排放迅速减少，对水质改善起到了关键作用。

### （四）树立一体化系统生态修复理念

在欧盟水框架指令引导下，莱茵河流域治理逐渐从污染治理、防洪为主，转变为以恢复河流的健康生态为目标，体现了以河流水生生物恢复为重点、实现河流生态修复目标的新理念。为此，WED 制定了明确的河流生态修复目标和任务，采取了许多诸如延长河道、延缓水流、扩大蓄水区面积、采用生态堤岸等工程措施减少洪水灾害，同时恢复河流原有生态，建立鱼类洄游通道，各种生物提供生存环境。如今，以河流水生态系统健康为河流治理和管理的目标已经成为世界性的共识。

### （五）建立完善的监测预警体系

为了确保水体保护与治理的有效性，防止违法排放污水，ICPR 在莱茵河及其支流建立了河流水质监测站网络。从瑞士至荷兰共设有 57 个监测站点，能及时对短期和突发性的环境污染事故进行预警。一旦有突发污染事件发生，由预警监测站、环保部门和水警组成的应急系统就会马上启动。

### （六）引导公众积极主动参与

ICPR 注重与非政府组织合作，各类水理事会、行业协会等均深度参与重要决策的讨论过程中。各成员国在立法上保证公众享有参与和监督的权力，公众参与水资源利用、保护的途径包括听证会制度、顾问委员制度以及通过媒体或互联网获取监测报告等公开信息。由于公众环保意识高涨，以各自不同的方式自动自觉地保护莱茵河，成为对流域立体化管理的重要组成部分。

### （七）先污染后治理代价惨痛

尽管莱茵河流域治理取得良好效果，但数十年的长期污染已经彻底影响了莱茵河流域的土壤、河道以及周边湿地与下游的泛滥平原生态系统，当前莱茵河治理还远没有达到生态系统自然修复的水平。据估计，要恢复河流生态系统自我修复能力，实现生物多样性减少状况的逆转，至少还需要数十年甚至百年不止，莱茵河为污染所需偿还的代价仍难以估算。

## 第二节 田纳西河流域治理经验及教训

### 一、田纳西河流域治理历程

田纳西河是美国第一大河密西西比河东岸支流俄亥俄河的一条流程最长、水量最大的支流，全长 1600 千米，流域面积 10.4 万平方千米。田纳西河流域开发较早，18 世纪下半叶就有较为发达的农业，流域内盛产棉花、马铃薯和蔬菜，并有大片牧场。当时河流两岸到处是茂盛的原始森林，田纳西河水量也较平稳。但自从 19 世纪后期尤其是到了 20 世纪初，由于土地过度耕种和过度开垦、森林过度砍伐、矿物资源掠夺式开采等行为，导致田纳西河流域水土流失严重，经常洪水泛滥，居民生活水平低下。1929 年，美国爆发经济危机，进一步加剧了该地区的贫困程度，1933 年田纳西流域人均收入只及全国平均水平数的 45%，是当时美国最贫困的地区之一。罗斯福就任美国总统后，以大型公共基础设施建设带动内需成为其新政的核心内容，其中田纳西河流域开发成为试点，冀通过创新管理模式，对流域内的自然资源进行综合开发，达到振兴和发展区域经济的目的。1933 年，美国国会通过《田纳西流域管理局法》（Tennessee Valley Authority Of 1933，简称 TVA 法），成立田纳西流域管理局 （TVA）。该法案赋予 TVA 的任务是：改进田纳西河航运条件，提高田纳西河的通航能力；通过在田纳西河谷流域森林再造和有效利用土地，提高防洪能力；促进地区农业、商业和工业发展，使全国最贫困的地区之一现代化；TVA 管理覆盖 7 个州，包括田纳西州、亚拉巴马州、密西西比州、肯塔基州、乔治亚州、北卡罗来纳州和弗吉尼亚州的部分地区。

自此，TVA 以"全民用电"为口号，立即着手在该地区修建水电大坝，并将这些大坝的电力廉价卖给田纳西州和六个相邻州的居民和企业。与此同时，以水资源和土地资源为开发主线，进行流域的综合治理和开发，全面发展农、工、林各业，并取得了显著的成效。自 1933 年成立到第二次世界大战结束历时十多年，TVA 已经完成了一条长达 652 英里的田纳西河航道，并成为美国最大的电力供应商。农业方面，TVA 提供充足的电力发展农业灌溉，改善农业生产条件；还进行了循等高线开沟耕作和覆盖作物利用的示范；举办了成百个示范农场和良种场，引导农民发展高产农田，提高农民的种田技术；研发生产化肥并帮助农场主提高土壤肥力，TVA 的农业项目成为流域地区以及全国各地推广效仿的典范。据统计，1929 年至 1949 年，美国其他地方的农民收入增加了 170%，而田纳西河流域的农民收入则增加了 200%。此外，便捷的交通、大量廉价电力供应促使很多工业从旧西北地区向南迁移，大量新的工业企业在田纳西河流域集聚，推动了该地区工业化和城镇化进程。1933 年至 1973 年，田纳西河流域地区就制造业就业人口比重由 12% 升至28.2%，农业就业人口由 62% 降为 5%，基本完成了工业化过程，其速度远超全国平均水平。与此同时，城镇人口由 1933 年 25.2% 升至 1980 年的

50.6%。1990 年居民人均收入达到 14803 美元，相当于全国平均值 80.1%，由于当地生活成本较低，实际生活水平已接近全国水平。

如今，TVA 是美国最大的公用事业公司和最大的电力供应商之一。TVA 目前的电力组合包括：30 座大坝或水力发电设施、8 座燃煤发电厂、16 座天然气发电厂、3 座核电站、14 座太阳能发电厂和 1 座风能发电厂，每年生产 1600 亿千瓦时的电力，最终流入 1000 万人的家庭。经过多年的实践，田纳西流域的开发和管理取得了辉煌的成就，从根本上改变了田纳西流域落后的面貌，TVA 也因此成为流域管理的一个独特和成功的范例而为世界所瞩目。步入 21 世纪，TVA 重申其使命，即通过提供安全、清洁、可靠和负担得起的能源，改善田纳西河谷人民的生活；对田纳西河谷地区的环境和丰富的自然资源进行良好管理；与他人合作，创造良好的环境，为本地区提供就业和投资，并通过强劲的经济发展活动保持就业和投资。

## 二、田纳西河流域管理局（TVA）组织管理模式主要特点

### （一）TVA 具有特殊的定位及性质

1933 年 5 月 18 日，罗斯福总统签署了 TVA 法，要求国会建立一个"拥有政府权力，但拥有私营企业灵活性和主动性的公司"，所以法律赋予 TVA 的定位本质上就是"联邦政府所有的电力公司和区域经济发展机构"，是集行政管理和企业运营于一身的公共事业部门，是肩负田纳西河流域治理和促进区域经济协同发展这一特殊使命的国有公司。时至今日 TVA 仍是美国最大的公共能源提供者，与初始定位依然吻合，是公共事业的引领者。

### （二）TVA 依法拥有广泛而强有力的权力

1933 年 3 月，罗斯福总统上台，4 月国会通过关于开发田纳西流域的法案，5 月总统批准立即建立横跨七个州的特殊的田纳西流域管理局，授予其全面规划、开发、利用该流域内各种资源的广泛权力。依据 TVA 法，TVA 既是联邦政府机构，又是企业法人。作为联邦政府机构，TVA 只接受总统的领导和国会的监督，完成其规定的任务和目标，避免联邦部门之间以及州与州之间的利益纠葛导致的治理低效。作为企业法人，除所设三人专职理事会成员

由总统任命理事外（2005 年，TVA 历史上首次通过立法改变了公司治理结构，设立了一个由九名成员组成的兼职董事会，取代了三名成员组成的全职董事会），在内部事务方面，TVA 有广泛的自决权，包括独立行使人事权、土地征用权、项目开发权、流域经济发展及综合治理和管理、多领域投资开发等。TVA 拥有自己的施工队伍、各类研究机构、支持地方经济发展的基金等，对田纳西流域规划的实施及其所属业务部门，TVA 都进行强有力的领导，包括在计划制定、工程建设、企业管理等方面下达指令和进行指导。

### （三）政府给予 TVA 大量财政及优惠政策支持

TVA 资金主要来自国会划拨的转款，在 1960 年之前的项目建设基本上靠联邦政府的无偿拨款进行。联邦政府的资金支持包括三种方式：①国会拨款，到 1959 年累计近 20 亿美元；②联邦政府划拨资产，累计超过 20 亿美元；③联邦政府购买 TVA 发行的定向债券。此外，TVA 及其下属公司还享受联邦、州、市县三级免税待遇。虽然 TVA 要上交部分利润给联邦政府，但联邦政府最终会再以拨款的形式予以返回。1959 年，美国国会通过法案，允许 TVA 向社会公开发行债券募集资金，对其电力系统实行自负盈亏。自 2000 年起，TVA 全面实现了财务自主，其在田纳西河流域系统管理的一切费用均不再需要政府资金支持。

## 三、田纳西河流域治理的经验和教训

### （一）治理理念要与时俱进

田纳西流域管理局（TVA）成立于 1933 年，当时世界正处于电力革命引发的第二次工业革命中，各国均纷纷抢抓"电力时代"重大机遇，力图通过推进电气化实现动力变革和效率变革，推动经济快速增长。"推进工业化必须从制造电力开始"是当时的共识，列宁在 1920 年曾提出"共产主义就是苏维埃政权加全国电气化"的著名公式，同理，罗斯福总统亦将电气化作为改变落后地区现状、推动地区经济协调发展的重大思路。作为罗斯福新政的核心实验项目，TVA 以"全民用电"为口号，在建设大坝时将发电与防洪、开发内河航道一起作为重点任务。自 1933 年至 1943 年 10 年间，田纳西河流域地区已成为美国第二大电力生产区，不仅使区域内 7 个州农村地区用电覆盖率提高 3 倍，而且推动了当地制造业发展。尤其是"二战"期间，TVA 生产的电力为军工特别是铝、炸药等生产做出重大贡献。如，制造一架大的轰炸机用铝所耗费的电力，等于当时家庭平均用电 400 年所消耗的电力，"二战"期间田纳西流域出产的铝占美国全国总产量的一半①。

战争结束后，电力需求超过了 TVA 从水电站大坝发电的能力，TVA 开始建造燃煤蒸汽发电厂，到 1955 年，煤炭超过水电成为主要电源。20 世纪 60 年代是田纳西河最繁忙的时代，河上运输货物打破了纪录，在保持低价位供电的同时，TVA 开始致力于旅游娱乐、支流地区开发以及鱼类和野生动物管理。由于煤炭的广泛使用，以及能源需求预计将持续扩大，TVA 开始探索其他发电方法，1966 年在亚拉巴马州北部，TVA 承建了其第一座核电站。20 世纪 70 年代和 80 年代，美国经济结构发生重大变化，能源需求下降，劳工、材料等建设成本上升，TVA 改变了扩张模式，转向更精简、更企业化的运作模式，降低成本的同时提高效率和生产力，并成为节能环保的倡导者和表率。20 世纪 90 年代后，随着市场竞争更加激烈，TVA 继续以竞争、高效、可靠的方式提供核心产品批发电力，同时于 1998 年公布了一项新的清洁空气战略，以减少造成臭氧和烟雾的污染物，帮助田纳西河谷的州和城市满足新的、更严格的空气质量标准。进入 21 世纪后，TVA 积极适应新的商业环境，推动内部治理结构变革，努力为能源、环境和经济协调发展探索新路径，以期为私营企业在社会责任方面树立标杆。

不过，自成立伊始到目前运营的 80 多年间，TVA 也一直面临多方质疑和指责。田纳西河流域管理局法案颁布后，电力公司强烈反对 TVA，对 TVA 提供的廉价能源表示不满，并将该机构视为对私营企业的威胁。随后，几家公用事业公司起诉 TVA，声称政府参与电力业务是违宪的。1939 年，美国最高法院维持了 TVA 法的合宪性。不过，新政支持者曾希望利用 TVA 模式在全国各地建立其他公用事业和经济发展机构，但这些努力被国会和保守派击败。此后，克林顿总统和奥巴马总统都曾试图将 TVA 私有化未果。对 TVA 实际运

---

①　资料来源：[美] 大卫·利连索尔著，《民主与大坝——美国田纳西河流域管理局实录》，上海社会科学院出版社，2016 年 8 月版。

营的指责主要包括以下几个方面：一是 TVA 修筑 60 多座大坝，对生态环境带来损害；二是 TVA 大坝围绕电力、航运和防洪综合设计，造成大量浪费，防洪可以通过较小的水坝或低成本的漫滩分区做到，数十亿美元的水上运输系统不经济，每天只有一艘驳船抵达田纳西州的诺克斯维尔（那里曾被认为是一个主要港口）；三是 TVA 是美国最大的露天煤矿买家，近年来，TVA 因处理和储存煤炭燃烧产生的有毒副产品煤灰而面临许多联邦诉讼。2008 年，位于田纳西州罗恩县的 TVA 金斯顿化石工厂的堤坝破裂，导致超过 10 亿加仑的煤灰泥浆溢出，溢出物覆盖了土地，淹没了房屋，流入田纳西河的支流埃默里河，成为美国历史上最大的煤灰泄漏事件，给 TVA 带来严厉的指责和批评。TVA 和其他地方、州和联邦机构做出了努力回应，计划已付诸实施，以恢复和改善受影响的地区。总体看，尽管华盛顿围绕 TVA 定期爆发激烈的辩论，但大多数美国人都认为 TVA 这项罗斯福遗产是一项成功的伟大试验，如肯尼迪总统所说"在全世界的人的心目中，缩写为 T. V. A. 代表进步"。

**（二）协调发展是流域治理的基本原则**

TVA 紧紧围绕"流域水资源和土地资源开发、区域经济和社会发展"协调推进的原则统筹规划、同步实施、协调发展。TVA 首先以水坝建设为突破口，通过梯级开发，构建了具有防洪、航运、发电多目标、彼此相互联系的水坝体系，通过提供廉价电力、疏通航道、改善水资源条件为工农商业的发展奠定了基础条件。与此同时，围绕流域土地资源的改善与开发，因地制宜全面发展农、林、牧、渔、肥料工业等各业，进行水土保持。在利用当地原料基础上，利用方便而廉价的水运从外部运入大量原料，在沿河两岸布局冶金、化工和核工业等高耗能、耗水的产业。在土地生产力得到提高后，积极调整农业、林业和牧业结构，并逐渐向旅游、娱乐等服务业延伸。在推进区域经济发展的过程中，TVA 高度重视促进就业、改善民生。TVA 成立了家庭和农场电力管理局，提供贷款，帮助农民购买主要电器，推动环保署与电器制造商做出特别安排，以大多数农民能负担的价格提供电灶、热水器和冰箱等。TVA 还制造化肥、改善农业器械、推广现代化耕作方式、提供优良种苗等帮助农民提高收入，甚至还消灭了疟疾。TVA 努力创造就业，1934 年 9000多人在 TVA 找到了工作，1942 年修建大坝的高峰期中有 28000 人在其工程和建筑部门就业。TVA的经济发展伙伴关系仅在2014年就帮助创造或保留了6万多个就业机会，从2006年到2014年，TVA吸引和保留就业的战略工作每年都在《选址杂志》（一家全国性出版物）上获得北美公用事业公司经济发展十大排名。回头看，在成立之后约30年时间里，TVA集中精力推动地区经济增长，之后逐渐注重经济与社会协调发展，把促进当地社会进步提上工作议程。随着人们对环境保护日益重视，TVA工作中越来越多地融入环境保护因素。由此，田纳西河流域整个开发过程重点突出，层次分明，较好地协调了经济和社会发展、人与自然的关系，实现了经济效益、社会效益和环境效益的统一。

**（三）统一开发和管理协调发展的制度保证**

根据《田纳西河流域法案》，TVA被授权对田纳西河流域的自然资源进行统一管理，并被赋予相应权利，如有权以美国政府的名义对区域内的资源进行开发，有权在该区域修建水库、大坝、电站及航运设施，有权建设输电设施，销售电力；有权生产肥料，发展当地经济等。在政府资金的资助下，TVA成立了专门的科研机构，拥有庞大的科研队伍，其科研课题涉及TVA所有业务领域，包括水资源开发研究、电力工程建设研究、高效化肥研究等，这些科研项目在全美国均占有重要地位。其中，TVA化肥研究所已发展为全美肥料发展中心，其环境研究中心的湿地研究在全美处于领先地位。这种兼具政府与企业、科研机构与经营实体的权威性机构，为各项措施的实施和协调管理创造了条件，为合理解决洪水控制、航运、水能开发和工业、农业、旅游业、城镇发展等问题提供了制度保证。

不过，统一开发和管理并不意味着强权垄断，而是尽可能与地方行政、企事业等部门进行分权和合作。自流域开发工作启动，只要州或者地方政府能够执行法律赋予TVA的部分工作，TVA就会通过签订合约将这些工作委托出去，尽量不由联邦机构来做，避免因为设立联邦机构而架空州政府和地方团体。此外，TVA尽量避免仅为某种特殊工作而在地方专设机构，而是寻求与州或地方的经营企业分担责任，并与联合实业签订契约。如，TVA会同田纳西区图书馆部门，与诺克斯维尔州城市图书馆部订立契约，由这两个机构开设图书馆，费用由TVA承担；TVA曾于1934年创设了几处试验公园，成功引导各州主动从事公园建设后便停止运营任何公园，而将一些风景秀丽的流域租给州或者县的公园委员会，只有一个条件就是保证这块地方只能作为公共娱乐场所使用。在水资源管理中，TVA 和州政府依法承担不同的职责并相互协调。州政府负责水资源的保护，以水资源评价报告的形式提交给联邦政府。TVA 则负责对州政府提交的水资源评价报告进行分析，并根据具体问题进行水资源调配。

**（四）公众参与是协调发展的基础保障**

TVA 强调通过公众参与来协调各方利益，以确保开发计划能够最大限度地满足所有相关方的利益诉求，实现多方共赢。早期，TVA 成立了遍布流域地区的合作社，吸引当地居民参与 TVA 的部分工作，包括讨论 TVA 董事会提交的财政和工作报告。依据 TVA 法和《联邦咨询委员会法》成立的地区资源管理理事会的每次会议公众均可列席，已成为一个有效的多方交流协商的平台。TVA 在人事任用上强调专业性，坚决摒弃裙带关系。强调专家要与人民在一起，共同解决问题，处理自然环境和社会环境。TVA 首任局长大卫·利连索尔先生认为，"当某件事情做成功了的时候，专家必须学会对人民解释其成功原因，使资源开发成为可能否，唯一方法是引导普通人的行动，而对理由的解释永远都是关键"。为了拉近与人民的关系，TVA 积极投身社区建设，将提高社区人民生活质量作为工作的重点。1961 年成立的"经济与社区发展办公室"采取各种措施提高社区经济与居民的生活质量，包括开展成人教育与就业培训、建立社区服务中心、建立文化旅游休闲项目等，TVA 还提出"优质社区计划"，通过帮助社区制定规划、行动计划和提高领导水平，促进社区的可持续发展。总之，在田纳西河流域开发与管理的整个过程中，当地居民都积极参与其中，确保了多方利益的协调，保障了治理的效率性和公平性。

# 第三节　对长江经济带上中下游协同发展的几点建议

国际上流域治理成功的案例不少，除了上述莱茵河、田纳西河外，英国的泰晤士河、法国的罗纳河等均是流域开发和治理的成功案例，但他们的运作模式各有特点。总体看，即使在同一个国家流域治理模式也各不相同，遑论国际通用的流域治理模式，能够借鉴的是原则性的和通用性的经验。由此，从莱茵河和田纳西河流域治理实践中，对推动长江经济带上下游协同发展可得出的几点启示如下。

## 一、依法治水

建议出台相关法律，如《长江流域治理法》，依法成立长江流域治理专设机构，比如长江治理理事会之类，赋予其依法治理的权力，保障全流域治理的协同性、有效性。理事会之下可根据不同主题设立若干工作组和专家组，负责与各省（市）协调。整个管理体系一要强调专业性，管理人员必须具备专业知识和实践经验；二是要强化执行力，各工作小组不仅能够提供宏观层面的技术支持，还要深入到具体项目和工程的规划、实施和评估等微观操作中，使长江流域治理工作从顶层设计到具体实施能够一抓到底，且一抓就准。

## 二、开放治水

现代水管理和流域管理呈现分权、协商、参与的发展趋势，其中公众参与是利益协商的重要一环。长江是中华民族的母亲河，长江流域水治理和生态恢复离不开广大人民群众的主动参与，正所谓"人心齐，泰山移"。为此，长江流域治理包括决策、实施、财务、人事等应做到决策公开咨询、过程公开监督、结果公开评价、人员公开招聘等全过程公开，同时借鉴莱茵河公众参与的听证会制度、顾问委员制度，TVA 地区资源管理理事会，法国"水议会"等制度，积极引导公众参与决策和监督，推动政府部门、企业和居民在思想认识上形成一条心，在实际行动中形成一盘棋。此外，还应积极向非政府组织、国际组织开放，广揽天下英才，得众人之智慧。

## 三、标杆治水

立足高起点，推动长江流域治理在污染整治、生态修复的过程中，协调推进流域地区生态农业、绿色节能循环工业、绿色高端旅游业协调发展，使长江流域治理在保护环境与合理开发、市场在资源配置中起决定性作用与更好发挥政府作用、全民共享与全民共建等方面，为全国流域治理乃至全球生态文明建设树立榜样，打造成为贯彻新发展理念的标杆工程。

## 四、科学治水

当前长江流域生态环境形势依然严峻，必须从中华民族长远利益考虑，把修复长江生态环境摆在压倒性位置。从国际经验看，水资源治理和生态环境修复是一个漫长的过程，需要尊重客观规律，短平快只是治标不治本，甚至还会对环境带来进一步损害。因此，长江流域治理不仅要久久为功，还要科学合理地确定治理目标。为此，首先需要对流域自然资源与生态环境状况查实摸清。ICPR 成员国自 1960 年开始经过 50 余年的努力，编制完成了 1∶150 万欧洲水文地质图系，2013 年在对其进行矢量化的基础上编制了欧洲地下水生境分布图，可以反映与生物相关的地下水流、含水层孔隙大小和渗透性的空间变化。这些基础工作为科学制定莱茵河治理目标和规划奠定了坚实的基础。当下，长江流域治理亟须精密开展污染物、地表水、地下水、土地、生态系统等调查评价，摸清自然资源分布与生态环境变化状况，在此基础上制定长江流域治理的阶段目标。可借鉴"莱茵河行动计划"、田纳西河等以珍贵鱼类重返为实现生态目标的重要标志，这样既客观又使公众能够直观感受到生态环境在改善中恢复。

# 民生保障篇

# 第八章

# 新加坡等国在民生保障领域的经验及启示

新加坡拥有完善的社会保障体系，其公共卫生医疗、养老、住房等保障均处世界一流水平，社会和谐稳定。在联合国发布的《2017 年世界幸福指数》中，新加坡在 155 个国家中位列 26 名，在法储银环球资产管理集团发布《2017 年全球养老指数》中排名 27。新加坡社会保障体系在政府强力引导下，在商业保险模式和全民保险模式中寻求平衡，避免了高福利国家弊病，同时发挥个人和市场作用，运转高效且具可持续性，在《2016 年墨尔本美世全球养老金评价指数》中，新加坡位列第三。此外，新加坡教育多元化成就突出，已成为亚洲甚至国际教育中心。日本在应对老龄社会方面是最成熟的国家，在服务模式、智能养老等领域处于世界领先地位，其医疗制度被世界卫生组织视作楷模，多次在 WHO《全球健康报告》中夺得第一，其相关经验和教训具有极高的借鉴价值。本章主要聚焦教育、医疗和养老三个领域。

## 第一节　教育

教育是立国之本，新加坡高度重视教育，走出了一条有本国特色的具有国际竞争力的成功之路。双语教育是新加坡教育的核心，通过多样化的教育方式、因材施教，激发每个人的潜能、同时培育终生学习的乐趣是新加坡教育的总体目标。2015 年新加坡政府教育支出 112 亿美元，占政府财政总支出的 23.4%。政府也鼓励私营企业、社会机构和商业集团共同打造新加坡的教育事业。

新加坡教育分为幼儿园教育、小学教育、中学教育、大学前教育和大学教育等五个阶段。学前教育主要是由社区、宗教团体、社会组织、商业机构等设立的幼稚园和儿童照顾中心来承担的，需要教育部许可，没有私立和公立之分。政府通过设立幼儿园资助计划、儿童保育资助计划、健康开始计划等对于贫困家庭和低收入双职工家庭提供帮助，使儿童能够在低收费幼儿园享有合格的看护和教育，保障每个孩子都有一个平等的开始。

小学六年，是强制性义务教育，中学教育四年或五年，基本免费。小学毕业依据国家统考成绩分流到不同类别中学，中学毕业再次依据统考分类学习。

新加坡的学校分为公办学校、独立学校、特别辅助计划学校和特殊学校。公办学校和特殊学校（针对身体和智力有缺陷的学生）是由政府提供全额或差额财政资助，独立学校和特别辅助计划学校是私立学校，自主办学。独立学校是新加坡最好的中学，实行的是精英教育。

新加坡有一套成熟的人才奖励与资助体系，为小学、中学和预科大学的学生提供了各种奖学金、奖品和补助，政府、法定的委员会、私人公司和民间组织也对在当地或海外教育机构求学的成绩优秀或其他方面表现突出的大学生和研究生提供多种形式的奖学金和学费补助，政府对外国学生也提供优惠贷款计划。

新加坡政府的目标是把新加坡打造成为一个环球校园城市，目前其本地大学——新加坡国立大学和南洋理工大学的世界排名都比较高，还有很多国际知名学府如芝加哥商学院、沃顿商学院、杜克大学等在新办学，新加坡已成为国际知名的教育中心，每年有近9万人的国际学生在新加坡求学。

## 第二节　医疗

国际主流医疗保险制度包括四种模式：以英国为代表的全民医疗保障制度、以美国为代表的市场主导型医疗保险模式、以德国等为代表的社会医疗保险模式以及以新加坡为代表的储蓄型医疗保险模式。

新加坡医疗保险制度由三部分组成：一是保险储蓄计划。1984年由政府设立，以强制储蓄的方式覆盖所有在职人员，雇主、雇员必须按照薪酬的一定比例（6%—8%）缴纳，建立保健储蓄基金。该基金纳入个人账户管理，用于支付投保人及其家庭成员的住院及部分门诊等医疗费用。二是健保双全计划。1990年7月设立，属于社会保险性质，采用自愿参加原则，按照付钱和共付比例制，用于重病和慢性病的医疗费用偿付。三是保健基金计划。1993年由政府设立的保健信托基金。用于资助无力支付医疗费的贫困国民。此外，新加坡还有一项为严重残疾老人提供终生保障的乐龄健保计划，完全由政府财政负担。

新加坡现有的医疗保障体制实现了广覆盖且运转效率高效：一是新加坡人和具有永久居住权的外国人全覆盖并享有同等待遇，部分医疗保险和救助也包括流动外国人口；二是保障范围既包括一般疾病，也包括重病和慢性病；三是保障水平均衡，普通收入阶层、低收入阶层、身体残疾阶层同等受益。在世界卫生组织进行的成员国医疗卫生筹资和分配公平性的排序中，新加坡一直名列前茅。在幸福指数、养老指数以及养老金体系等有关公平、效率和可持续的权威排名中，新加坡都处于领先地位（参见表8-1）。

### 表8-1　新加坡民生保障领域国际排名比较

| 国家 | 1. 联合国《2017年世界幸福指数》（155个国家地区排名） | 2. 法储银《2017年全球养老指数》（43个国家排名） | 3. 墨尔本《2016年全球养老金评价指数》（27个国家排名） |
|---|---|---|---|
| 新加坡 | 26 | 27 | 7 |
| 中国 | 79 | 38 | 23 |
| 日本 | 51 | 22 | 26 |
| 韩国 | 55 | 23 | 22 |
| 印度 | 122 | 43 | 25 |
| 俄罗斯 | 49 | 40 | —— |
| 巴西 | 22 | 41 | 16 |
| 南非 | 101 | —— | 20 |

资料来源：1. Sustainable Development Solutions Network for the United Nations, "World Happiness Report 2017".

2. NATIXIS GLOBAL ASSET MANAGEMENT, "2017 Global Retirement Index".

3. MELBOURNE Victoria Australia, "MELBOURNE MERCER PENSION INDEX 2016".

# 第三节　养老

世界各地老年人口所占比例和数量都在急剧增加，世界卫生组织（WHO）在《关于老龄化与全球健康》（2016）报告中指出，到2050年，将会有许多国家的老年人口比例超过30%，这些国家不仅包括欧洲和北美的许多国家，还包括智利、中国、伊朗、韩国、俄罗斯、泰国和越南，应对老龄化已成为关键的政策问题。新加坡和日本在应对老龄化方面可圈可点，其成效均处国际领先水平（参见表8-1）。

最新统计显示，2016年新加坡人口（包括新加坡籍和永久居民）561万，65岁以上人口占20.8%，平均预期寿命82.9岁。新加坡政府非常重视培养全民的家庭观，在舆论和行为上引导全社会关爱和孝敬老年人。养老方式有三种。一是鼓励以居家养老为主，通过购房优惠政策鼓励年轻人与父母同住或者靠近父母买房，以利于赡养父母和照顾老人。二是采取日托养老。政府设"三合一家庭中心"，将学龄前儿童、小学生和老人（新加坡称之为乐龄人士）集中管理。三是机构养老，有不同档次的老年公寓。新加坡早在1999年就通过了《老人院法令》，对老人院的设立、标准、审核、管理等问题，均做了明确的规定。除了提供硬件服务外，新加坡政府注重提供多项社区服务，使乐龄人事老有所学、老有所为、老有所乐。新加坡政府通过与社会团体、宗教团体、服务中介组织密切合作，构建起政府、基层组织、公民共同管理国家的良好机制。

三大基层组织即社区发展理事会（隶属社会发展及青年体育部）、市镇理事会（隶属建屋发展局）和人民协会（非营利组织）覆盖所有社区，这些组织网络严密，分工细致，职能到位，各有侧重，为社区养老提供软硬件服务，成为社会和谐的支撑力量。

日本是应对老龄社会最成熟的国家之一，在服务模式、智能养老等领域处于世界领先地位，其医疗制度因"高品质的医疗服务""医疗负担的平等程度"以及"国民平均寿命高"多次被世界卫生组织评为全球第一。1999年，日本出台了专门针对养老护理的《介护保险法》，针对老年人的生活照顾、健康管理、情感陪护做出明文规定。但作为一个人力资源短缺型国家，日本不希望把过多人力资源配置在养老服务行业影响先进制造业劳动力供给，因此一直鼓励发展智能化养老辅助产品。现在比较成熟的老人智能移动辅助产品，包括智能轮椅和智能拐杖，智能轮椅可以通过脑电波、声音或手柄对轮椅进行遥控，政府认可这些为"介护用品"予以购买，提供给用户租赁循环使用。自 2013 年 10 月起，日本政府原则上不再批准增建养老院，鼓励发展家庭生活支援机器人，通过机器人来解决居家养老中的困难。在政府的导向下，日本老年智能产品行业焕发出勃勃生机，本田、丰田等都在花重金进行护理机器人的研发。不过，日本全民医保制度随着老龄化势头加剧，政策财政不堪重负，已成为影响经济稳定发展的重大隐患。为减少社会保障资源浪费和低效，自 2013 年起日本政府提倡社区集中养老，计划到 2025 年，建设 60 万套集中住宅。

# 第四节　启示

## 一、强调个人责任

这在新加坡社会保障体系中尤为突出。新加坡强调政府要为人民提供优质、可承受的基本公共服务服务，但前提是个人和家庭要最大限度为自己医疗、养老负责任。通过精细制度设计，既防范个人的道德风险，又保障政府财政可持续。如，在医疗融资安排中个人和企业占大头，使用普通医疗服务时由个人和政府按比例费用分担（政府占大头）。医疗服务水平等级越高（主要体现设施等硬件上，医疗和护理等软指标没有差别），个人支付的比例越大，从需求方避免过度医疗。促使个人审慎使用医疗服务，以免支付过高的费用。养老方面也是如此，政府注重培养全民的家庭观念，通过购房优惠等措施鼓励年轻人赡养和照顾老人。此外，个人退休账户必须有 16 万新元的存款余额才能在规定的年龄按月支取退休金（目前为 64 岁）。正因为政府注重践行"不养懒人"的社保理念，新加坡政府财政压力相较其他发达国家小，可持续性强。如，墨尔本美世全球养老金评价"可持续"一项中，新加坡得分66.8，远远高于日本（24.4）、德国（35.8）和英国（48.8）。

## 二、政府强力干预和引导

新加坡政府强制个人储蓄，对医疗卫生行业实施严格监管，必要时直接干预医疗保健行业定价。政府通过"补需方"，对全体国民住院、门诊费用直接补贴（主要集中补贴住院，最高能到80%左右，门诊补贴很少），涵盖公立医院、营利性私立医院和非营利性私立医院。卫生部定期公布几大公共医院和私人医院对70种常见疾病的治疗费用，一方面便于患者比较、选择，同时也促使医疗机构主动控制成本、改善服务，保证医疗服务的质量和水平。由于新加坡实行的是个人储蓄型医疗保险，患者需要用自己的保健储蓄支付日常医疗保健费用，因此有积极性选择适度医疗服务，有效防止对医疗保健资源的滥用。

## 三、社会力量积极介入

综观不同社保制度，在教育、养老等社会服务领域都需要倚重社会组织的积极参与。如，新加坡高度重视社会团体、宗教团体、服务中介组织参与社区建设，政府提供财力支持和行为引导，把握社区建设方向。像需要长期持续护理的医疗服务，约70%由社团组织提供，30%由私营单位提供。德国社会服务均由地方政府承担，但地方政府主要是向社会组织购买服务。根据约翰·霍普金斯项目的相关研究，德国社会组织平均收入中60%以上来自政府，荷兰社会组织的就业人数占劳动人口的比重高达15%。可见社会组织在提供社会服务中占据主导地位。德国《社会保障法》规定，大型福利组织要参与国家决策和法律的制定过程。所有涉及社会服务的问题，政府必须征询这些组织的意见。

## 四、注重财政力量均衡

基本公共服务均等化是国家保障制度的底线目标，包括区域均衡、阶层均等，这就需要政府在不同地区实现财政力量的基本均衡。在德国，联邦政府主要负责社会保障体系的构建和优化，包括制定总体目标、服务提供条件和标准等，具体实施由各州落实到社区。依据《基本法》"公民生存条件一致"原则，经济发展水平高的州必须对相对落后州给予财政补贴，使各州提供基本公共服务的能力基本平衡。

## 五、变挑战为机遇

作为老龄化最严重的国家之一，日本并没有把大量人力资源投入到养老服务中，而是鼓励发展智能机器人，在解决养老问题的同时一方面应对未来劳动力短缺，另一方面推动国内制造业占据高科技领域制高点。目前，广播体操机器人、运动机器人、喂饭机器人、监视用药机器人等在养老院都已广泛应用，移乘搬运、移动辅助、步行助力、自动排泄处理、健康监测、走失监视等产品的研发和推广，都是政府扶持的重点。日本在智能机器人领域早已处于世界领先水平，未来养老行业将成为日本最具国际竞争力的领域之一。

# 全球经济治理篇

# 第九章

# 全球经济治理体系演进及启示

　　全球经济治理是全球治理不可分割的重要组成部分，是建立国际经济秩序、解决经济领域的全球问题的共同行动。2011 年联合国秘书长潘基文在其报告中将全球经济治理诠释为"多边机构和进程在影响全球经济政策、规则和法规方面发挥的作用"①。"二战"以来，全球经济治理实践主要体现为以民族国家为核心主体，以正式和非正式国际组织为重要依托，在得到认可的法则、规范和制度所形成的框架下进行全球经济的协商、合作、互动与规范的国际合作行动，目的是通过协调全球公共物品的供给，为世界经济发展提供制度保障。尽管当前对全球经济治理的理论和概念仍充满争议，但其基本要义强调的都是多元协同、利益协调、制度规范基础上的"善治"（Good Governance），目的是推动世界经济包容、协调、可持续发展。"二战"后，在主要大国主导下建立的全球经济治理体系构成了全球经济治理的主要制度基础，此后在国际力量对比、技术进步、全球化等因素驱动下，全球经济治理实践的条件及内涵不断发生变化。本章对"二战"以来全球经济治理体系演变的历史进行系统梳理，并对全球经济治理体系之所以能够推动经济全球化深入发展的经验进行总结。

---

　　① "Global Economic Governnance and Development Report of the Secretary – General", http：//www. un. org/esa/ffd/economic governance/index. htm.

# 第一节 "二战"以来全球经济治理体系的演变历程

## 一、"二战"后至 20 世纪 70 年代初是全球经济治理基本框架构建时期

### （一）建立布雷顿森林体系

1945 年 12 月，22 国代表签署《布雷顿森林协定》，加上 1947 年 23 国签署的《关税及贸易总协定》（GATT），为"二战"后全球经济治理实践构建了初步制度框架。

布雷顿森林体系主要内容包括：一是建立以美元为中心的国际货币体系。美元与黄金挂钩、各国汇率与美元挂钩，实行可调整的固定汇率制度；二是设立国际货币基金组织（IMF）和国际复兴开发银行。其中，IMF 初期职责主要聚焦于促进国际货币合作、促进国际贸易的扩大和平衡发展、稳定国际汇率及为成员国短期国际收支不平衡提供资金融通，后来逐渐增加金融危机救助、减贫等职责。世界银行包括国际复兴开发银行（IBBD）和国际开发协会（IDA），IBBD 主要向发展中会员国提供开发性长期贷款，IDA 主要向最贫穷的发展中国家提供比 IBBD 条件优惠的长期贷款。后世界银行与国际金融公司（IFC）、多边投资担保机构（MIGA）和投资争端解决国际中心（ICSID）共同组成世界银行集团，其中 IFC 主要职能是通过直接向发展中国家的私人部门提供贷款帮助其私营企业发展，MIGA 主要职能是为私人投资者提供政治风险担保，包括征收风险、货币转移限制、违约、战争和内乱风险担保等；IC-SID 是世界上唯一一个专门处理外国投资者与东道国政府之间的投资争端的国际性仲裁机构，主要职责是促进东道国和外国投资者之间的相互信任、为外国投资者与东道国之间的投资争端提供调解和仲裁服务等。

1947 年底，来自 23 个国家和地区的代表签订了《临时议定书》，承诺在今后的国际贸易中遵循 GATT 相关规定，此后 GATT 历经多次修订，成为各国共同遵守的贸易准则，其宗旨是在国际贸易领域达成互惠互利协议，大幅度

削减关税和非关税壁垒，取消国际贸易中的歧视性待遇。1995年，GATT被世界贸易组织（WTO）取代。GATT/WTO经济治理职能主要体现三个方面：一是制定多边贸易运行规则，即互惠原则、透明度原则、市场准入原则、促进公平竞争原则、经济发展原则、非歧视原则等六大原则，并将这些原则付诸实践，达成货物贸易多边协定、服务贸易总协定、与贸易有关的知识产权协定等规范成员国相关领域国际贸易活动的多边贸易协定以及诸边协议。二是协调多边谈判。自1947年成立GATT以来，在GATT框架下开展了9轮多边谈判，1995年WTO成立后在其框架下启动了"多哈回合谈判"进程。三是协助解决国际贸易争端。GATT构建了解决国际贸易争端的机制框架，第22条规定了缔约方之间进行磋商的权利，第23条规定了提出磋商请求的条件。此后在第22条和23条规定及后续修正基础上，WTO建立了具有统一性、效率性和强制性特点的，兼具原则、机构和解决程序完备的国际贸易争端解决机制。

**（二）布雷顿森林体系治理成效及困境**

布雷顿森林体系运转初期，结束了战前国际金融混乱局面，固定汇率机制设计构筑了相对稳定的国际金融秩序，为国际贸易和世界经济增长创造了条件，为战后世界经济快速恢复和发展发挥了积极作用。国际货币基金组织在战后一段时期内通过汇率监督和协调，以及提供短期流动性缓解成员国临时性国际收支失衡，对维护固定汇率制度和国际金融体系稳定发挥了核心作用。布雷顿森林体系瓦解后，IMF继续通过监督和评估成员国宏观经济政策，努力维护全球经济金融和经济稳定。世界银行一直致力于帮助发展中国家发展经济、削减贫困，在促进发展中国家经济社会发展、消除全球性贫困等发挥了重要作用。GATT组织主持多轮多边贸易谈判，大大降低关税水平，有力地促进了国际贸易发展。

然而，随着1960年代美国因越南战争等原因导致国际收支恶化，国内通货膨胀日趋严重，美元难以维持与黄金的官方定价。1971年7月第七次美元危机爆发，尼克松政府于8月15日宣布实行"新经济政策"，停止履行外国政府或中央银行可用美元向美国兑换黄金的义务，布雷顿森林体系瓦解，国际货币体系步入浮动汇率时代，全球治理体系开始大调整大变革。

## 二、20 世纪 70 年代至 2008 年国际金融危机是全球治理迅速发展阶段

### （一）全球治理体系不断完善

自 20 世纪 70 年代初布雷顿森林体系瓦解后至 2008 年国际金融危机爆发，是全球经济治理体系在原有制度框架基础上迅速扩张的时期，主要表现：

1. G7 成为全球宏观经济协调的重要平台。1973 年五国集团（美、德、法、英、日）召开第一次"财长会议"，讨论的主要议题包括国际货币体系改革、石油价格、汇率和国际收支平衡、美国资本输出管制等。1975 年，六国领导人峰会召开，成员是五国集团和意大利，1976 年加拿大加入成为"七国集团"，1998 年俄罗斯加入史称"八国集团"（2014 年 G7 暂停俄罗斯成员资格）。在 G7 推动下，1999 年二十国集团成立（G20）。自 1977 年以后，历次领导人峰会都是"七国（八国）+ 欧盟（或欧共体）"，自 2002 年以后，历次峰会都会邀请很多发展中国家、国际组织参与"扩展对话"，自 2005 年起八国集团领导人同中国、印度、巴西、南非和墨西哥等主要发展中国家领导人开展对话的模式延续下来（G8 + 5）。与此同时，G7/G8 议题从经济金融领域逐渐扩展至环境、安全、能源、就业、突发性灾难等涵盖全球性问题的多个领域。

2. 政府间国际组织力量更加壮大，治理能力进一步提升。随着越来越多的国家加入，尤其是原社会主义阵营加入，IMF、世行和 WTO 在全球经济金融治理中的权威性和有效性明显增强。

3. 地区性国际组织迅速发展。欧洲复兴开发银行（EBRD）、泛美开发银行（IADBk）、伊斯兰开发银行（ISDB）、加勒比开发银行（CDB）等纷纷成立，与之前已建立的亚洲开发银行（ADB）、泛美开发银行（IDB）等在促进地区经济发展中和国际合作中的作用不断增强。区域贸易协定（RTA/FTA）大量增加。尤其 2000 年以后，自由贸易协定（FTA）成为推动贸易投资一体化的主要形式。区域性金融危机防范机制如《清迈协议》、拉丁美洲储备基金组织（FLAR）等成为全球金融治理的有效补充。

## （二）全球经济治理取得显著成效

从"二战"以来全球经济治理实践看，20世纪70年代至2008年是全球经济治理有效性和权威性较高的一个时期。G7作为重要国际经济协调平台，在缓和发达国家汇率过度波动、稳定国际金融市场、抑制通货膨胀、应对金融危机等做出积极贡献。IMF在全球经济金融治理中发挥了核心机制作用，G7相关议题的落实均由IMF具体实施。世界银行在帮助发展中国家减贫、推动经济可持续增长方面做出重大贡献，通过技术援助等为发展中国家深化体制机制改革、优化营商环境等提供了有益借鉴。WTO成为全球多边贸易的一面旗帜，积极推动构建全球多边贸易规则及全球贸易活动的规范化和便利化，协调解决国际贸易纠纷，监测各国贸易政策和实践，有力地推动了世界经济开放包容增长。与此同时，区域经济合作组织成为推动全球化的重量力量，一定程度上弥补了全球公共产品的不足。

## 三、2008年国际金融危机以来全球治理体系步入改革调整阶段

2008年金融危机以来，国际经济格局发生实质性变化，全球经济治理体系难以适应世界经济形势新变化。在多方力量推动下，"二战"以来构建的全球经济治理体系步入变革调整期。主要表现：

一是2009年匹兹堡峰会将G20确定为国际经济合作的主要平台，全球性问题的协调由西方主导的G7转向更具代表性的二十国集团。

二是新兴经济体制度性话语权提升，2010年12月IMF理事会批准并于2015年实施的治理和份额改革方案，将超过6%的份额转给了富有活力的新兴市场和发展中国家，其中"金砖国家"投票权升至14.14%，中国投票权从3.806%升至6.068%。

三是WTO面临重大变革。随着多哈回合谈判失败，WTO推进全球贸易自由化进程的能力受到重大挑战，改革WTO的呼声渐起。与此同时，随着全面与进步跨太平洋伙伴关系协定（CPTPP）、美加墨协定（USMCA）以及欧日经济伙伴关系协定（EPA）等陆续生效，区域贸易协定引领构建全球贸易投资新规则势头日盛，WTO改革已迫在眉睫。

四是全球经济治理新平台增多，新兴经济体尤其中国成为主要引领者。2009 年 6 月首届"金砖国家"峰会召开，正式启动了"金砖国家"之间的合作机制，在此机制下金砖国家应急储备安排和新开发银行分别建立。2015 年 3 月中国发布《推动共建丝绸之路经济带和 21 世纪海上丝绸之路的愿景与行动》，截至 2019 年 4 月 30 日，131 个国家和 30 个国际组织已与中国签署了 187 份共建"一带一路"合作文件。2015 年 12 月，中国倡议的亚洲基础设施投资银行（AIIB）正式成立，截至 2019 年 7 月 13 日，亚投行已有 100 个成员国。在当前全球经济体系变革中，中国已成为重要参与者、塑造者和引领者。

# 第二节 "二战"以来推动全球经济治理体系演变的动因

## 一、对"二战"前国际政治经济治理教训的反思和共识是建立全球治理体系的首要动力

两次大战期间，特别是 1929 年大萧条导致国际经济秩序陷入混乱。突出表现：

一是贸易保护主义盛行。1929 年大萧条初期，为保护本国经济和就业，美国率先大幅提高关税，发起了全球贸易大战。1929 年，美国国会通过《斯姆特－霍利关税法》（Smoot-Hawley Tariff Act），将平均关税水平由 40% 提高至 47%，对上千种产品提高或开始收取关税。1930 年 6 月 17 日正式实施后，引发加拿大、意大利、西班牙等国对美施加报复性关税，随着英法德相继实行贸易保护政策，国际贸易走向全面崩溃。1929 年至 1934 年，全球贸易萎缩约 66%。

二是国际货币体系分崩离析。"一战"结束后，各国开始重建金本位制，至 1929 年以金汇兑制形式存在的金本位已在各市场经济国家得以重建，国际货币体系逐渐恢复相对平稳。1929 年美国证券市场崩溃引发银行业危机，随即金融危机扩散至欧洲，触发恐慌性挤兑和资本外逃。1931 年 9 月英国宣布脱离金本位，与英镑保持固定汇率的瑞典、挪威、丹麦、葡萄牙、埃及、伊

拉克、阿根廷、巴西等国家相继放弃金本位。

三是国际协调机制缺失。随着贸易战、汇率战不断升级，各国经济受到重创，失业率快速攀升。如，1932 年美国 GDP 萎缩 12.9%，美、英、德失业率分别为 23.6%、22.1% 和 43.8%。1933 年主要国家在伦敦召开世界经济会议，目的是稳定汇率和消除国际贸易障碍。由于缺少国际协调机制，没有权威的国际组织能对贸易纠纷进行裁决或提出补救机制，更没有能令各国普遍接受的应对金融危机政策，会议以失败告终。各国各自为政、以邻为壑的局势难以得到改善，陷入"囚徒困境"。

"二战"临近结束，44 个国家的代表于 1944 年 7 月在美国新罕布什尔州的布雷顿森林召开会议，对上述混乱动荡的行为进行了深刻反思，并就加强国际经济合作、重建国际货币秩序、推动国际贸易自由化等达成共识，布雷顿森林体系、关税及贸易总协定随之建立。

## 二、国际力量对比变化是推动全球治理体系演变的核心动力

"二战"结束时，美国拥有的黄金占当时世界各国官方黄金储备总量的 75% 以上。以超强经济实力为基础，布雷顿森林体系构筑了美国霸权主导的国际经济治理体系。一直到 20 世纪 70 年代初，美国 GDP 占世界的比重都保持在 20% 以上，超过英国、法国、日本、西德、意大利和加拿大等六国的总和。不过，自 20 世纪 50 年代起，美国在全球经济中的占比不断下滑，随着 20 世纪 60 年代越南战争带来的巨大财政负担、国内应对高通胀技穷、失业率不断攀升，加之贸易收支持续逆差，美元贬值压力不断加大。1964 年，外国官方持有的美元开始超过美国的库存黄金价值。尽管美国联合主要工业国家建立了"黄金总库"，创设"特别提款权"用于补充 IMF 成员国官方储备以应对"特里芬难题"，支持布雷顿森林固定汇率体系。但是，随着世界经济格局变化，特别是日本、联邦德国经济实力强大，对固定汇率的质疑和挑战逐渐从美国、德国企业界向学术界乃至政府有关部门蔓延，与此同时保持美元与黄金比价越来越难以持续。1971 年 8 月 25 日美国宣布，将不再允许非储备货币国家官方持有的美元自由兑换为黄金，布雷顿森林体系瓦解，全球经济

治理从美国霸权治理时代步入 G7 俱乐部治理时代。

布雷顿森林体系崩溃、第一次石油危机爆发等重大事件对世界经济带来重大冲击，在此背景下，西方主要大国发起了定期财政部长会议，这些会议为以后的领导人峰会奠定了基础，最终形成以领导人峰会为基础的一套体系。G7 最初关注的议题包括宏观经济政策协调、国际贸易、能源问题、货币体系和南北关系等，随着国际经济政治形势的变化，议题扩展到政治安全以及几乎所有全球性问题。

自 20 世纪 90 年代末起，以"金砖国家"为代表的新兴经济体快速崛起，与发达国家的差距快速缩减。按购买力平价测算，2000 年 G7 经济总量占全球比重为 43.7%，"金砖国家"占比 18.7%，G7 高出"金砖国家"25 个百分点，到 2008 年 G7 占比降至 36.5%，"金砖国家"占比升至 24.9%，相差11.6 个百分点。随着国际经济力量对比的变化，G7/G8 作为发达国家俱乐部独自应对诸多全球性挑战越来越困难。1999 年 G7 推动成立二十国集团成立，自 2002 年峰会加强与发展中国家对话，2005 年起 G8 与中国、印度、巴西、南非和墨西哥等五国的对话机制"G8 + 5"固定下来，新兴发展中大国开始深度参与全球性议题的磋商，全球经济治理呈现"中心—外围"机制特征。直至2008 年国际金融危机后，新兴经济体才逐渐走近全球经济治理的舞台中央。

2008 年国际金融危机推动世界经济格局深度演变，新兴经济体和发展中国家群体力量发生质的跃升。根据国际货币基金组织数据，按购买力平价测算，2013 年新兴市场和发展中国家经济总量占世界比重首次超过发达国家升至 56.4%，2017 年升至 58.7%。新兴经济体成为引领全球经济增长的强有力引擎。麦肯锡 2018 年 11 月份的一份研究成果显示，近 50 年中印等 18 个新兴经济体占到全球 GDP 增长的 2/3，还贡献了过去 15 年超过一半的新增消费。按名义货币计算，2010 年中国成为全球第二大经济体，2017 年中国占世界GDP 的 15%，是同期美国的 64%，2018 年升至 66%。自 2006 年以来，中国对世界经济增长的贡献率稳居世界第一位，2017 年贡献率为 27.8%，超过美国、日本贡献率的总和，拉动世界经济增长 0.8 个百分点。新兴经济体和发展中国家群体性崛起，推动国际政治经济秩序加快向非西方化和多极化演变，"二战"以来构建的全球经济治理体系步入大变革时代。

### 三、经济全球化和技术革命深入发展是推动全球治理体系演变的重要动力

"二战"后布雷顿森林体系的建立，使一度被战争打断的全球化焕发勃勃生机。与此同时，始于20世纪三四十年代的科技革命推动技术发展步入新阶段，助推西方主要发达国家在五六十年代实现了高度工业化，其间生产率大幅提升带来工业品的过剩，降低关税扩大市场成为国际协商的主要内容，1947—1993年，关贸总协定主持了8轮多边关税与贸易谈判，大幅削减了关税和非关税壁垒，有力推动了全球贸易和世界经济增长。

进入20世纪70年代后，三大因素推动全球化步入大扩张时代：一是信息技术革命和产业变革。微电子、计算机和电子通信三大技术协同发展，通过1975年个人电脑的研发形成完美组合，随后以电子技术、计算机、网络技术等的创造与应用为核心的信息技术革命推动了垂直专门化分工这一新型分工形式的出现，以跨国公司为主体构建了全球产业链，为更多的国家尤其是发展中国家参与创造了条件。二是美欧放松金融管制。20世纪70年代美国宣布美元在金融市场上与黄金脱钩，同时放弃资本管制，英国步其后尘也放弃了资本管制，之后20世纪80年代到90年代，在IMF、OECD等积极推动下，相当数量的国家纷纷允许资本跨境自由流动，金融全球化得以快速发展。三是越来越多的国家加入全球贸易和生产网络。"二战"后，美国推动的"去殖民化"使众多前殖民地国家取得独立，这一进程在20世纪70年代初基本完成。当时冷战导致世界形成社会主义和资本主义两大阵营，在经济上则形成了两个平行的市场，大多数新独立的国家加入了美国主导的资本主义阵营，在推进工业化实现追赶的进程中积极融入国际市场。冷战结束后，前社会主义阵营国家纷纷转型，扩大对外开放，将全球化推向新阶段，这一进程在2011年俄罗斯加入世界贸易组织达到顶峰。迄今为止，WTO有164个会员国，可以说真正实现了经济治理的全球化。

随着经济全球化的扩张，全球性问题和挑战不断增多，全球治理体系在挑战中不断改进和完善。

一是国际金融治理体系不断演变。1973 年，西方主要国家放弃挽救布雷顿森林体系，国际货币体系步入浮动汇率时代。为应对美元汇率过度波动带来的损害，G7 联手 IMF 对外汇市场进行多次干预，并达成 1985 年广场协定及 1987 年卢浮宫协议。然而，随着金融全球化发展，过快放松资本管制尤其是短期资本流动限制的放松，国际金融治理面临的挑战增多。20 世纪 80 年代初美联储大幅提高利率，美元持续升值引发了拉美债务危机。20 世纪 90 年代后，国际金融危机频发，1992 年欧洲货币危机、1994 年墨西哥金融危机、1997 年亚洲金融危机、1998 年俄罗斯金融危机、1999 年巴西金融危机、2000 年阿根廷金融危机以及 2008 年美国次贷危机，由此，应对危机成为国际宏观政策协调和 IMF 的核心议题。2008 年金融危机后，IMF 于 2011 年首次公开改变对资本自由流动的态度，认可一定程度的资本管制对一国金融稳定具有积极作用，2012 年其在一份员工备忘录中透露，它认可了一个可以进行国际资本流动管制的十年试验期。随着国际社会针对私人资本加强监管达成共识，在 G20 推动下，2009 年金融稳定委员（FSB）成立，以加强对全球系统性金融风险的监管。此外，金融危机的爆发、IMF 应对不力等因素也催生了东亚外汇储备库、金砖国家外汇储备应急储备安排等区域性金融治理机制，亦促使全球六大央行于 2013 年将流动性货币互换机制长期化。

二是全球经济治理向专项领域延伸。随着全球化导致生态环境的恶化、自然资源和能源的过度消耗、收入差距扩大等负面效应显现，与发展相关的问题提上日程，环境问题、气候变化、减贫等成为国际经济协调的重要议题。国际气候治理取得重大进展，在联合国主导下形成一系列包括公约、协定、协议附件及配套机制等在内的国际制度安排，包括《联合国气候变化框架公约》、《京都议定书》及附件、《巴黎协定》及其附属协议。联合国推出可持续发展目标，旨在通过 2015 年到 2030 年的进程加强全球经济治理机制，综合推进社会、经济和环境协调发展。此外，联合国可持续发展大会还在可持续发展和消除贫困背景下，为绿色经济确立了广泛的治理范畴。在上述领域，非政府组织、私营部门等已成为全球治理的重要参与者。

# 第三节　"二战"以来全球经济治理体系演进的启示

## 一、理念共识是治理原则和方向的引导

　　"二战"结束后，开放的贸易体系和稳定的货币体系是布雷顿森林体系创建者的共识和追求目标，自由主义和多边体系成为各国愿意遵循的核心原则。战后直到20世纪70年代，在发展领域的主导理念是"凯恩斯共识"，国际宏观协调体现了鲜明的凯恩斯色彩。从20世纪80年代到2008年，自由主义、多边机制和市场经济在全球更大范围取得共识，前社会主义阵营纷纷加入西方国家主导的治理体系，"华盛顿共识"取代"凯恩斯共识"成为发展的主流理念，自由主义外延不断扩展，全球化得到空前发展。不过，自1997年亚洲金融危机爆发后，对华盛顿共识的质疑增多，发展中国家以积累外汇储备、共建区域安全网如"清迈协议"等方式增强危机防范能力。这一时期，对全球化的质疑引起国际社会关注，环境保护、气候治理得到高度重视，私人部门积极参与可持续发展治理，"赤道原则"等微观领域治理原则得到大力支持。

　　2008年金融危机后，华盛顿共识受到更多国家的质疑和排斥，反全球化经济民族主义在西方国家兴起，美国打着对等贸易的旗帜走向保护主义，自由贸易、多边机制受到挑战。2016年G20杭州峰会，中国提出全球经济治理主张，即"共同构建公正高效的全球金融治理格局，维护世界经济稳定大局；共同构建开放透明的全球贸易和投资治理格局，巩固多边贸易体制，释放全球经贸投资合作潜力；共同构建绿色低碳的全球能源治理格局，共同推动绿色发展合作；共同构建包容联动的全球发展治理格局，以落实联合国2030年可持续发展议程为目标，共同增进全人类福祉"得到广泛支持。

　　中国以"一带一路"建设、亚投行等为载体，积极提供公共产品，推行"共商、共建、共享"的全球经济治理理念，提倡共建人类命运共同体。2017年9月，第71届联合国大会在《联合国与全球经济治理》决议中，明确要求

"各方本着'共商、共建、共享'原则改善全球经济治理,加强联合国作用",同时重申"联合国应本着合作共赢精神,继续发挥核心作用,寻求应对全球性挑战的共同之策,构建人类命运共同体"。从理念看,当前全球经济治理正处于内涵更为丰富,但分歧交锋也更为激烈的时期,新的治理原则和方向远未达成广泛共识,"二战"以来全球经济治理体系变革之路任重道远。

## 二、治理体系和运行机制是治理实践的有力保障

"二战"后美国及其盟友在理念共识基础上,针对全球性重大问题构建了治理体系的基础框架。后随着国际力量格局变化、科技革命和产业变革推动以及全球化深入发展,全球治理体系不断演变,既包括联合国、国际货币基金组织、世界银行、世界贸易组织等正式的国际组织,也包括七国集团、二十国集团、亚太经合组织、经合组织、金砖国家等非正式国际组织;既包括诸多开发性区域金融机构,也包括数百 RTA/FTA。全球经济治理体系的不断丰富,使更多全球性或区域性问题得以在多层次平台协商协调。

不过,全球治理实践有效性还依赖于国际机制的建立和完善。当前多层次全球治理体系包含多样化运行机制,包括治理主体的成员资格、决策机制、争端解决机制、执行机制、监督机制等。从决策机制看,WTO 采纳协商一致机制,多数国际组织采纳投票表决机制,其中有采用加权投票机制如 IMF,有采用投票权均等机制如金砖国家新开发银行。从争端解决机制看,主要有世界银行的投资争端解决机制和 WTO 争端解决机制。其中世界银行投资争端解决机制依据《华盛顿公约》,专门处理公约缔约国中的东道国与外国私人投资者之间的投资争议,WTO 争端解决机制是处理成员国政府间的国际贸易争端解决机制。从监督机制看,依据监督对象和方式不同,国际组织的监督机制包括双边监督机制如 WTO 的贸易政策审议机制、IMF 对成员国汇率政策监督机制(第四条磋商)等,区域监督机制如 IMF 对欧元区和欧盟等区域性共同经济政策进行监督和磋商,全球监督机制如 IMF 对全球经济形势、财政状况和全球金融市场的监督等。

## 三、顺应世界经济发展大趋势自我变革和完善是提高治理体系有效性的基本前提

"二战"后建立的布雷顿森林体系为全球经济治理构建了基础框架体系，为战后重建营造了稳定的国际金融秩序，促进了国际贸易快速增长。此后，随着国际力量对比变化、全球化和信息技术革命带来的全球性问题增多，全球经济治理体系在布雷顿森林体系框架基础上不断变革。从体系架构看，20世纪布雷顿森林体系崩溃后，国际货币体系发生根本性变化，但国际货币基金组织、世界银行等组织存续下来，成为国际财政政策、货币政策协调的主要执行者，以及发展中国家经济发展的重要贷款人和咨询者。

随着新兴经济体群体性崛起、全球化深入发展以及信息技术革命带来的生产生活方式变革，全球经济治理体系向多层次发展，G7/8 逐渐演进为 G20 成为国际经济合作的主要平台，逐渐解决了全球经济治理中缺乏一致性的重要弊病，领导人峰会就宏观经济政策协调、国际金融治理、减贫、环保、安全、绿色发展等各项议题综合考虑，不像其他功能性国际组织只讨论某一个问题，有利于制定总体战略。领导人峰会还弥补了国际制度缺乏灵活性这一重大缺陷。正式国际制度多数建立在成员国之间达成的有法律约束力的国际协定上，明确针对某一类全球性问题，通常需要投票表决，导致在新旧议题变换、大国之间权力结构变动、成员国利益倾向发生变化等情况下很难适应全球治理的新形势。领导人峰会作为非正式机制，没有固定议题，成员组成方面具有灵活性如从 G7 到 G8 到 G8 + 5 到 G20，较好地体现了国际权力转移，议事不采取强行表决的方式，有利于充分考虑多数成员的利益偏好。总之，领导人峰会为现存国际体系中主要大国增进理解、扩大共识、减少分歧、寻求对全球性问题的解决办法提供了独特的平台和契机，是全球经济治理体系不断丰富的重要内涵。

除了顶层协调的领导人峰会机制外，原有国际组织如国际货币基金组织、世界银行、关贸总协定/世界贸易组织等在职能、决策机制、组织架构等不断演进，以适应和推动国际分工、全球贸易和投资深入发展，并将治理范畴扩展至环保、知识产权、政府采购等领域。与此同时，区域合作组织、专项治

理机制、新开发性金融机构纷纷出现，成为全球治理体系的有益补充。

从运行机制看，诸多变革已经发生。如，决策机制方面 IMF 改变内部投票权分配，提高了新兴国家投票权，引入双多数投票机制，重大决策不仅需要大国 85% 的投票权，还需要得到 60% 以上所有成员国的认可。相比关贸总协定，WTO 在运行机制目标、程序、具体方式、监督与实施等更加规范和严格，争端解决机制为所有成员提供了更为公平的争端裁决平台，不再像以前的体系那样允许强国具有否决权。在 G20 推动下全球金融治理相关机制更加严格，新成立的金融稳定委员会对强化全球金融风险监测、协调跨国金融监管发挥了积极作用。

从规则看，战后为推进贸易自由化，多边贸易规则不断演进，从 GATT 八轮回合谈判到 WTO 多哈回合谈判，多边贸易规则演进从降低关税壁垒、非关税壁垒、服务、知识产权向贸易与环境、贸易与发展、争端解决等更广领域覆盖。进入 21 世纪以来，随着经济全球化深入发展，国际分工日益深化，全球化产业链、供应链、价值链加快形成，国际商品贸易由产业间贸易转向产品内贸易，零部件、原材料等中间品贸易占货物贸易的比重已超过 70%。尽管多哈回合谈判搁浅，但 2015 年《信息技术协定》（ITA）扩围谈判将零关税成功覆盖 201 项信息技术产品，符合 21 世纪以来全球贸易模式变化趋势的需求。综上所述，全球经济体系体现出具有自我完善和变革的一面。正因如此，"二战"以来构建的全球经济治理体系才能不断焕发生命力，不断提高治理的有效性和权威性。

# 第十章

# 中国参与全球经济治理历程及相关建议

随着全球经济发生深度变化，全球经济治理内容从传统的经济金融贸易领域向更多热点和新议题覆盖，方式包括传统治理结构优化、新规则制定、宏观经济协调和危机应对等。全球治理相关举措既涉及硬性制度约束，也有软性承诺；既有多边合作，也有区域协调。其目的是通过协商、合作推动世界经济强劲、可持续和平衡增长。1971 年 10 月，第 26 届联合国大会通过决议，恢复中华人民共和国在联合国的合法席位，为中国恢复在联合国序列下各专门机构的席位创造了条件。1978 年党的十一届三中全会关于改革开放的决议开启了中国参与全球治理的进程，迄今已历时 40 年。其间伴随经济快速崛起和国际竞争力的提升，中国参与全球经济治理逐渐从旁观者和跟随者，成长为参与者和引领者，不断提高我国在全球经济治理中的制度性话语权，推动全球经济治理更加公平、包容、高效。

## 第一节　中国参与全球经济治理的历程

"二战"以后，国际货币基金组织（IMF）、世界银行和世界贸易组织（WTO）是国际金融贸易治理的主要平台。20 世纪 70 年代，七国集团（G7）成立并逐渐成为全球治理的引领者，并衍生出 G8＋的模式。2008 年金融危机将 G20 峰会推到全球治理主席台上，显示出国际经济格局的深刻变化。无论 G7 峰会（1998 年俄罗斯加入，成为 G8）还是 G20 峰会，都与国际货币基金组织、世界银行、世界贸易组织等保持密切合作，一方面利用这些组织实现相关目标，另一方面推动这些组织不断变革以适应全球治理新形势的需要。除此之外，还有大量官方和非官方全球性组织如联合国贸易发展组织（UNCTAD）、经济合作与发展组织（OECD）等，以及区域性组织如亚太经合组织、东盟与中日韩财金合作等，都是全球治理的重要组成部分。改革开放40年来，中国积极参与相关国际组织，受益于并贡献于全球经济治理的理论与实践。

## 一、中国与国际货币基金组织（IMF）

1980年4月，国际货币基金组织恢复中国合法席位。当时中国在该组织中的份额为80.901亿特别提款权，占总份额的4%。中国致力于与IMF密切合作，积累参与国际经济合作的理论和实践。在体制机制改革、宏观经济管理等方面，IMF给予中国大量技术援助服务，定期提供政策咨询意见。在符合中国国情、符合改革开放大方向前提下，中国虚心接受并采纳诸多IMF建议。比如，1986年对人民币进行贬值，1996年接受国际货币基金组织第八条款实现了经常项目的可兑换。

不过，中国对IMF的建议并不盲从。20世纪80年代以来，IMF一直致力于推动发展中国家资本账户开放。对此，中国一直顶住压力没有轻易放松资本管制。2011年4月5日，IMF公布了题为《资本流入管理的近期经验——可能的管制政策框架》的报告，首次正式认可国际资本流入管制，改变了三十多年来一贯坚持的资金自由流动立场。此外，在人民币是否高估问题上中国与IMF一度分歧严重，中国政府曾决定在2007年到2009年间，中断发表根据IMF协定第四条所要提供的磋商结果。

2008年国际金融危机加快了IMF改革进程，中国等新兴经济体话语权提高。2016年1月，IMF 2010年通过的份额和治理改革方案正式生效。中国份额占比从3.996%升至6.394%，排名从第六位跃居第三，仅次于美国和日本。2016年10月，人民币被纳入IMF特别提款权（SDR）货币篮子，与美元、欧元、日元、英镑共同组成新的SDR货币篮子。其中，人民币权重占比10.92%，低于美元和欧元，但高于日元和英镑。

## 二、中国与世界银行（WB）

1980 年 5 月，中国在世界银行集团恢复合法地位。世行由国际复兴开发银行（IBRD）、国际开发协会（IDA）、国际金融公司（IFC）、多边投资担保机构和国际投资争端解决中心五个成员机构组成。中国与世界银行集团合作包括四部分内容：一是资金合作，即从国际复兴开发银行（IBRD）贷款、国际开发协会（IDA）和国际金融公司（IFC）获得贷款；二是知识合作，即世行对华知识援助主要包括技术援助、经济分析、政策咨询等方式；三是国际发展合作，为全球脱贫做贡献；四是与多边投资担保机构（MIGA）合作。

改革开放之初，来自世界银行的优惠贷款不仅弥补了经济建设极为短缺的外汇资金，而且依托世行贷款项目引入了先进的管理理念。20 世纪 90 年代以后，世行贷款向环保和社会领域倾斜，为提高经济增长质量做出先导性探索。2000 年以来，由于从世行软贷款（IDA）毕业，中国利用世行贷款规模大幅下降，中国与世界银行的合作更多地转向国际发展合作。

根据财政部统计资料，截至 2010 年 6 月 30 日，世行（IBRD 和 IDA）对华贷款承诺总额约 478 亿美元，共支持建设了 326 个项目，主要集中在交通（30.38%）、农业（23.61%）、城建和环境（15.57%）、能源（15.35%）、工业（6.35%）、教育（3.88%）、卫生（2.05%）等领域；国际金融公司贷款和投资额约 47.3 亿美元，共支持了中国 193 个私营部门项目，涉及农业、金融、能源、环境、基础设施等领域。同期世行累计向中国提供了约 5 亿美元的技术援助贷款和赠款，主要涉及财税、会计、养老金、经济法、金融等领域的改革。此外，多边投资担保机构（MIGA）共支持了中国 38 个担保项目，主要涉及制造业和基础设施两个领域，累计担保金额 5.3486 亿美元。

世行统计显示，截至 2016 年底，中国获得世界银行（IBRD 和 IDA）贷款承诺额累计为 586.36 亿美元，是世行第一大贷款国。2017 年世行（IBRD）对中国承诺贷款额 24 亿美元，约占其贷款的 11%，居全球首位。

2010 年世界银行投票权改革，中国在世行的投票权由原先的 2.77% 升至 4.42%，从世行的第六大股东国升至第三大股东国，仅次于美国和日本。

2018 年 4 月，世界银行增资 130 亿美元，中国投票权升至 5.7%，仍排在美国和日本之后。

## 三、中国与世界贸易组织（WTO）

世界贸易组织（WTO）成立于 1995 年 1 月 1 日，是全球性的独立于联合国的永久性国际组织，目前有 164 个成员国，还有 20 多个国家正在申请中。WTO 前身是 1947 年成立的关税与贸易总协定。1984 年 4 月，中国取得总协定观察员地位。1986 年 7 月，中国向总协定正式提出恢复关贸总协定缔约国地位的申请，称之为"复关"。经过漫长的谈判，1994 年 4 月，中国签署了乌拉圭回合最后文件和世界贸易组织协定。11 月中国提出在年底完成复关的实质性谈判，并成为定于 1995 年 1 月 1 日成立的世贸组织创始成员的要求，因美国等少数缔约方阻挠未能如愿。

1995 年 1 月 1 日，世贸组织正式成立，7 月 11 日，中国成为该组织的观察员，中国"复关"谈判转为"入世"谈判。2001 年 9 月 13 日，中国完成了与世贸成员的所有双边市场准入谈判。9 月 17 日，世贸组织中国工作组第 18 次会议通过了中国入世议定书及附件和中国工作组报告书。12 月 11 日，在经历 15 年漫长谈判历程之后，我国正式成为 WTO 成员。

加入 WTO 是中国改革开放和现代化建设进程中的一个重要里程碑。在漫长的 15 年谈判过程中，中国推进了一系列改革措施，使其与国际规则相符合或者更加趋近。加入 WTO 后，中国认真履行承诺，大幅降低关税税率、削减非关税措施，关税总水平由 2001 年的 15.3% 降至 9.8%，开放了 100 个服务贸易部门。认真清理与外经贸有关的各项法律法规，仅在中央各部门就涉及 2000 多项相关文件，废除了那些与世界组织规则明显不符的法律法规，对另外部分不符的文件进行了修改。与此同时，中国全面享受了世贸组织成员各项基本权利，获得了稳定、透明、可预见、非歧视的多边贸易机制保障。自 2001 年至 2018 年，中国货物贸易进出口总额从 5097 亿美元升至 4.62 万亿美元，出口从 2661 亿美元升至 2.48 万亿美元，分别增长 8.1 倍和 8.2 倍。根据 IMF 统计，2018 年，中国货物和服务贸易出口占全球比重为 10.7%，较 2001

年的 4.0% 提高了 6.7 个百分点；在新兴市场和发展中国家中的比重为
28.8%，较 2001 年提高了 9.1 个百分点。与此同时，按购买力平价计算，中
国 GDP 占全球的比重由 2001 年的 12.1% 升至 2018 年的 18.7%，提高了 6.6
个百分点。

加入 WTO 后，中国将自身改革融入全球经济治理，同时积极推动 WTO
多哈回合谈判及相关变革，包括《信息技术协定》（ITA 扩围谈判）、农业议
题谈判、环境产品谈判、服务贸易谈判等。2015 年 12 月，世界贸易组织的
50 余个成员国达成近 20 年来规模最大的关税减让协议，取消对 201 项 IT 产
品 1.3 万亿美元贸易的限制。2015 年 12 月 16 日，包括中国在内的 24 个参加
方在肯尼亚内罗毕共同发表了《关于扩大信息技术产品贸易的部长宣言》，明
确各参加方要约束并逐步取消 201 项产品的关税。依据承诺，中国于 2016 年
9 月 15 日对 201 项信息技术产品最惠国税率实施首次降税。

## 四、中国与二十国集团峰会（G20）

20 世纪 70 年代初七国集团成立以来，成为全球经济治理的核心。自
2002 年以后，历次峰会都会邀请很多发展中国家、国际组织参与"扩展对
话"。2003 年法国峰会邀请了包括中国、印度、巴西、墨西哥、沙特、南非等
12 个国家，以及世界银行行长、国际货币基金组织总裁、世界贸易组织总干
事参加"扩展对话"。2005 年起，八国集团领导人同主要发展中国家领导人
开展对话的模式延续下来（G8＋5），即中国、印度、巴西、南非和墨西哥领
导人参加峰会。

二十国集团机制也是在八国集团推动于 1999 年 9 月建立，是国际货币基
金组织和世界银行框架内非正式对话的一种新机制，旨在推动国际金融体制
改革以及发达国家和新兴市场国家之间就实质性问题进行讨论和研究，以寻
求合作并促进世界经济的稳定和持续增长。G20 成员包括八国集团成员和中
国等 12 个其他经济体。G20 自成立起每年举行一次"财政部长及中央银行行
长会议"，2008 年 11 月，在金融危机不断加剧的背景下，G20 领导人在华盛
顿举行了首次峰会。2009 年在英国伦敦和美国匹兹堡举行了第二次和第三次

峰会，并于匹兹堡峰会明确指定 G20 为"国际经济合作的主要平台"，提出峰会每年举行一次。

G20 机制的性质是非正式性，因此 G20 没有常设办事机构，每次会议的组织和协调工作由该次会议的轮值主席国负责。2016 年中国作为 G20 轮值主席国，于 9 月 4 日主办杭州峰会，峰会主题是"创新、活力、联动、包容"，重点议题为"创新增长方式"，"更高效的全球经济金融治理"，"强劲的国际贸易和投资"以及"包容和联动发展"，上述四大重点议题包括 21 项分议题。国家主席习近平出席二十国集团工商峰会开幕式并发表主旨演讲，指出"中方主办杭州峰会的目标之一，是推动二十国集团实现从短期政策向中长期政策转型，从危机应对向长效治理机制转型，巩固其作为全球经济治理重要平台的地位"，强调"全球经济治理特别要抓住以下重点：共同构建公正高效的全球金融治理格局，维护世界经济稳定大局；共同构建开放透明的全球贸易和投资治理格局，巩固多边贸易体制，释放全球经贸投资合作潜力；共同构建绿色低碳的全球能源治理格局，推动全球绿色发展合作；共同构建包容联动的全球发展治理格局，以落实联合国 2030 年可持续发展议程为目标，共同增进全人类福祉！"2017 年 G20 峰会在德国召开，2018 年在阿根廷首都布宜诺斯艾利斯举行，2019 年 6 月第十四次峰会在日本大阪举行。

## 五、中国与"金砖国家"峰会

首届"金砖国家"峰会于 2009 年 6 月在俄罗斯叶卡捷琳堡召开，正式启动了"金砖国家"合作机制，参会国家为巴西、俄罗斯、印度和中国，即"金砖四国"（BRIC）。2010 年 12 月，中国作为""金砖国家""合作机制轮值主席国，与俄罗斯、印度、巴西一致商定，吸收南非作为正式成员加入"金砖国家"合作机制，并更名为"金砖国家"（BRICS）。在 2011 年中国三亚举行的第三次"金砖国家"峰会上，因南非加入参会国家扩大到五个。2014 年 7 月巴西福塔莱萨第六次峰会在机制建设上取得重大进展，金砖国家新开发银行和金砖应急储备安排正式设立。其中，金砖国家新开发银行初始资本为 1000 亿美元，由 5 个创始成员平均出资，总部设在中国上海，其宗旨是为"金砖国家"和其他发展中国家的基建和可持续发展提供资源支持。金砖应急储备安排初始承诺互换规模 1000 亿美元,其中中方承诺出资 410 亿美元,投票权为 39.95%。该储备安排旨在着眼于金融稳定,在成员国面临国际收支压力时提供短期流动性支持。2017 年 9 月,"金砖国家"第九次峰会在中国厦门召开,主题为"深化金砖的伙伴关系,开辟更加光明的未来"。2018 年南非担任金砖机制主席国,并将于 7 月份在约翰内斯堡举行第十次金砖领导人会晤。

## 六、中国与其他组织

除上述提到的 IMF、世界银行、G20、"金砖国家"峰会外,中国还参加了亚洲开发银行、欧洲投资银行等国际开发组织,牵头组建亚洲基础设施投资银行,积极参与亚太经济合作组织财长会、东盟与中日韩财金合作等多边对话机制,大湄公河次区域经济合作机制、中亚区域经济合作机制等区域合作机制,中美全面经济对话、中英经济财金对话、中法高级别经济财金对话、中德高级别财金对话、中加经济财金战略对话、中俄财长对话等双边对话机制,在更广范围、更深层次参与全球经济治理。

这里需要特别提到东盟与中日韩财金合作(即 10 + 3 财长与央行行长会议),这是亚洲地区自发组织、制度化建设最卓有成效的经济治理合作机制。在中方倡导下,首次 10 + 3 财长会议于 1999 年 4 月在菲律宾马尼拉举行,经过近 20 年发展,10 + 3 财金合作取得三大成就:一是签署了清迈倡议多边化协议(CMIM)。该协议旨在防范和应对本地区短期流动性危机,2012 年扩大至 2400 亿美元。其中,中国和日本各自出资 768 亿美元。二是成立了东盟与中日韩宏观经济研究办公室(AMRO)。2016 年 2 月 AMRO 升级为国际组织。三是提出了亚洲债券市场倡议(ABMI),最重要的成果——区域信用担保与投资基金(CGIF)于 2010 年设立,2017 年 12 月 CGIF 出资人大会通过决议将 CGIF 资本金将增至 12 亿美元。10 + 3 财金合作设立联合主席制,2018 年联合主席为韩国和新加坡,2019 年将由中国和泰国担任联合主席。

## 第二节　中国参与全球经济治理的经验

全球经济治理是双向的，参与全球经济治理既是一个融入国际规则的过程，同时也是一个变革现有规则、重塑新规则的过程。改革开放 40 年间，中国参与全球经济治理积累了很多宝贵经验。

### 一、中国参与全球经济治理既有助于自身发展和丰富全球治理经验，亦有助于国际社会客观认识中国

如前所述，中国加入 IMF、世界银行和 WTO，不仅弥补了我国经济建设和社会发展所需的资金，而且在推动我国制度创新、技术创新等方面也发挥了明显作用。以世行贷款为例，改革开放初期，世行提供的优惠贷款主要投向交通、通信等基础设施，为后续经济高速增长发挥重要作用。20 世纪 90 年代之后，世行贷款逐渐向社会和环保领域倾斜，为保护环境、改善民生起到很好的探索和引导作用。更为重要的是，中国通过与世行合作，有力推进了体制机制改革。例如，通过世行贷款引进的竞争性招标机制、工程师监理制度、业主负责制已成为中国重大工程项目的标准作法；通过世行项目引进的供水、污水收费制度已在中国推行，为我国水资源的可持续发展提供了基础；通过世行项目率先试点的区域卫生资源规划、医疗扶贫基金等为我国卫生体制改革与发展提供了宝贵的借鉴经验。此外，世行针对中国财政金融、社会保障、企业改革、投资环境、知识经济、农村发展、扶贫开发、教育卫生、交通运输、能源水利、环境保护等经济社会发展的瓶颈领域进行专门调研，为中国宏观经济管理和行业部门改革提出了许多具有参考价值的意见和建议。

中国在积极融入国际治理规则体系同时，将先进发展理念与中国国情相结合，取得显著成就。中国成为世界银行最优客户，为世界银行提供了大量可供全球借鉴的经验，丰富了世行的项目实践内容，提升了世行在全球治理中的能力和水平。2004 年 5 月，世行主办、中国协办的上海全球扶贫大会是

双方开展国际发展合作的典范。大会推动了国际社会对全球扶贫理念和实践的再认识，并推动了国际社会为减贫而行动的共识。与此同时，通过世行宣传中国的发展成就、发展经验和发展理念，有助于国际社会对中国国情和发展实践的理解、同情和支持，增强了中国努力融入全球规则体系的信用和前景。

## 二、推动全球经济治理既需要有经济实力做支撑，又需要有开放合作的理念做指引

中国在参与全球治理逐渐由被动式、接受式转向主动推动现有体系的变革，这一过程首先是建立在中国经济实力快速提升基础之上的。1995 年，按当时汇率核算，中国是世界第七大经济体，2000 年中国上升为第六大经济体，2005 年升至第五大经济体，2010 年起中国一直位列全球第二大经济体。此外，2014 年中国成为全球第一贸易大国，之后一直保持在前两名，2017 年中国再次位列全球货物贸易第一大国。依据 WTO 核算的各国在全球贸易（含货物和服务）中所占份额的公式，2017 年中国占比为 9.594%，位列全球第二，第一是美国占比 11.237%，第三名为德国占比 7.312%。

随着经济实力和全球影响力的提升，中国一方面积极参与传统全球经济治理体系的完善和改革。2013 年以来，中国积极与发达国家联手，加强国际宏观经济政策协调，加强金融风险管控，推动全球治理架构和国际货币基金组织（IMF）的份额改革。另一方面，中国开始主动塑造和构建更加公平合理的治理机制。如"金砖国家"峰会、亚洲基础设施投资银行、"一带一路"峰会等。无论是传统治理体系变革，还是新体制塑造，中国不仅加大公共产品供给，如对联合国和 IMF 等国际组织逐年增加会费缴纳，向世界银行提供软贷款，建立中非合作基金、丝路基金、中拉基金等，体现负责任大国的担当，与此同时，中国高举全球化旗帜，提出了"共商共建共享"的全球治理观，受到世界各国的广泛支持和积极回应。上述成就的取得既是建立在强大的经济实力基础之上，也离不开开放合作的理念和高瞻远瞩的眼光。

## 三、参与全球经济治理需要打造强大的中国团队，及时发出中国声音

同主导全球经济治理的西方国家相比，中国参与全球经济治理的人才储备相对欠缺。曾经担任 WTO 首席谈判代表的龙永图曾在一篇谈中国教育的文章中道（《当代教育家》2016 年第 6 期），20 世纪 80 年代初，他和很多毕业没多久的年轻外交官被派到联合国工作，经常需要在联合国会议上代表中国表态，表态就是话语权，但当时他们都不知道怎样表态，只记住几条原则，比如发展中国家同意的就同意，反对的就反对；像发达国家提出的要提高环保标准，中国就抵触。其结果就是中国的话语权没有得到有效使用，有时反而损害了国家的长期利益。

时过境迁，中国参与全球经济治理 40 多年实践表明，争取更多的话语权、利用好话语权需要有高素质团队。这些人既要有基础职业素养，又要有战略眼光，还要有全球视野，更重要的是要能够与视野主要国家沟通的技巧和谈判能力。只有这样，才能在重大问题及时发出中国声音，提出中国方案。如，自加入 WTO 以来，中国积极参与 WTO 多哈回合修订反倾销规则的谈判，提交了中方自己的提案，谈判能力和表现得到各方的认可，被纳入"规则谈判诸边磋商小组"，成为反倾销规则谈判核心成员之一。再如，2008 年国际金融危机爆发后，时任中国央行行长周小川用中英文在央行网站发表署名文章《关于改革国际货币体系的思考》，提出应充分考虑发挥特别提款权的作用，引发全球广泛关注。虽然该种观点争议很大，但还是引发全球将目光聚焦到国际货币体系中美元独大带来的缺陷和风险。2010 年中国积极参与推动 IMF 份额改革，G20 峰会亦将国际金融体系改革列为重大议题，2016 年 10 月人民币被正式纳入特别提款权篮子货币。总而言之，中国在多边和区域、传统和新生等全球治理领域取得的一系列成就，均与中国具有能够抓住问题实质、提出有效解决方案、积极主动作为的团队密切相关。

## 第三节　中国参与全球经济治理的相关建议

党的十九大报告提出"中国秉持共商共建共享的全球治理观，倡导国际关系民主化，坚持国家不分大小、强弱、贫富一律平等，支持联合国发挥积极作用，支持扩大发展中国家在国际事务中的代表性和发言权。中国将继续发挥负责任大国作用，积极参与全球治理体系改革和建设，不断贡献中国智慧和力量"。上述论断实际上已就中国参与全球治理的理念、原则、方向做了系统阐述，基于此，未来中国可考虑从以下几个方面积极参与全球经济治理。

### 一、积极促进"一带一路"国际合作，将其作为弘扬共商共建共享理念及实施中国方案的核心平台

依托"一带一路"国际合作新平台，积极参与全球经济治理和公共产品供给，努力实现政策沟通、设施联通、贸易畅通、资金融通、民心相通，提高中国在全球经济治理中的制度性话语权，构建广泛的利益共同体。为此，中国须在制度化建设以及平衡众多关系中不断探索，广泛进行多双边沟通和协调，增强塑造国际经贸规则的能力建设和国际基础。具体举措如下：

一是加快"一带一路"机制化建设。定期召开"一带一路"峰会，增强峰会在宏观政策协调、经贸领域热点问题等的执行力，争取在一些点上取得明显效果。比照东盟与中日韩宏观经济研究办公室（AMRO），成立"一带一路"核心国家协调小组或者办公室。二是以重大项目运作推动全方位合作。选择关系国计民生的重大项目推进"一带一路"合作，以其为依托，构建多边、经济、社会等多层次、宽领域合作体系，倡导共商共建共享精神，贯穿中国"创新、协调、绿色、开放、共享"发展新理念，将中国经验与中国理念贯穿其中。三是通过"一带一路"推进自贸区规则的融合。在推进"一带一路"建设同时，中国应加快实施自由贸易区战略，并沿着"一带一路"推进区域合作组织规制的融合，使"一带一路＋自贸区"成为中国参与国际经

贸规则制定、争取全球经济治理制度性权力的重要平台。

## 二、以 G20 峰会为全球经济治理首要平台，维护和拓展中国发展利益

G20 反映了 2008 年国际金融危机后全球经济治理格局的深刻变化，该机制既是传统治理机制的延续，亦是未来改变旧国际经济秩序的借重平台；既是中国首次以塑造者、创始国和核心参与方身份参与的全球经济治理机制，也是未来中国要积极参与、主动作为、认真维护的全球经济治理的首选机制。在参与方式和力度上，中国应注重权利与责任的平衡，要坚持改革的渐进性和与传统体制的协调性。具体建议如下：

一是积极推动 G20 的机制化。将 G20 定位为全球治理的最高决策机构之一，积极推动建章立制工作，强化功能性建设，提高执行力与权威性，推动 G20 从短期应对危机的机制向长效经济治理的机制转化。与此同时，在 G20 框架内，中国要始终坚持提倡共同利益，强调保障各自"核心利益"，防止 G20 机制演变成两极或多极对抗场所。二是高度重视与世界贸易组织、国际货币基金组织和世界银行框架对接和协调，使 G20 共识尽可能多地通过这些机构能够落地，增强 G20 的有效性。三是在 G20 机制内建立多层次协调架构。首先，要加强与美国双边协调，以创建一个双方都能因此受益的全球体系。其次，加强与"金砖国家"（BRICS）协调与合作，适时扩大 BRICS 峰会成员，就新兴大国之间的共同利益与诉求达成共识，使我国在 BRICS 中发挥主导作用。第三是以共同利益或关切为基础，与有关成员国加强协调，如加强与德国、日本等长期贸易顺差国的协调。第四是与其他 G20 成员国的协调。四是提高 G20 议题设置能力，通过议题设置扩大中国全球经济治理改革进程中的影响力。

## 三、更加注重金融治理领域的合作，使人民币国际化行稳致远

自 20 世纪 70 年代以来，国际金融领域的合作主要在 G7 峰会框架下进

行，全球六大央行合作机制是主要载体。随着中国开放的大门越开越大，加大金融领域的国际合作将是中国参与全球经济治理的重中之重。须从四个层面参与和推动国际金融治理合作和变革：

一是全球层面可在 G20 框架下推动落实杭州峰会"更高效的全球经济金融治理"倡议。首先，加强跨境资本管理政策合作。将应对大规模跨境资本流动作为近中期的核心挑战之一，推动各国加强跨境资本流动监测分析和评估，建立外债和跨境资本流动的宏观审慎管理政策框架，强调各国监管部门之间以及与国际组织之间加强合作，在全球范围内识别、评估跨境资本流动风险，做好风险防范的工具储备和政策组合。其次，完善全球金融安全网。加强现有合作机制之间的联动，使 IMF、双边互换协议、东亚外汇储备库、金砖国家应急储备安排、全球六大央行货币互换永久协议（美联储、欧央行、英国央行、日本央行、加拿大央行和瑞士央行）之间建立沟通渠道持续开展灵活、自愿的对话，加强沟通和经验交流。二是在地区层面要继续加强 10 + 3 财金合作，维护地区金融稳定。三是在双边层面加强与美联储、欧央行等货币政策沟通，继续与主要贸易伙伴商签双边本币互换协定，推进人民币国际化进程。四是在更长远的将来，随着人民币国际化推进，中国应慎重考虑并积极争取加入 G7 国际金融合作，加入六大央行货币互换机制，完善全球金融治理体系，增强中国金融市场的稳定性，维护人民币在国际货币体系中的地位和正当权益。

## 四、继续推动 IMF 和世行投票权改革，使其反映世界经济格局的深刻变化

根据 IMF 相关规定，理事会定期（通常每隔五年）进行份额总检查，份额的任何变化必须经 85% 的总投票权批准。份额总检查解决两个主要问题即总增资规模以及增资在成员国之间的分配，以反映其在世界经济中相对地位的变化。2010 年 IMF 和世行投票权改革对于中国、发展中国家以及全球经济体系都具有深远的意义，是一个具有里程碑意义的事件。2010 年改革显著提高了新兴市场和发展中国家的投票权，尤其是中国投票权大幅提高，获得更

多的话语权，这对于中国在下一步改革中，更好地发挥股东国作用，维护本国利益及代表发展中国家发声奠定了良好的基础。中国作为第二大经济体，与其份额仍然不相匹配。未来中国要以最终实现发达国家和发展中国家平等分享投票权为目标，继续推动 IMF 和世行投票权改革，不断扩大对其重大决策的影响，提升在全球经济治理中的领导力。

## 五、择机加入 CPTPP，将 CPTPP 作为我国际博弈的重要平台

2018 年达成的美加墨新贸易协定（USMCA）中，特朗普政府首次置入针对"非市场国家"的"毒丸条款"，意图在双边贸易协定中孤立中国。若未来美国继续在美日、美欧等双边贸易协定中引入该条款，我国与发达国家商签自贸协定的路径基本上就被堵死了。为此，我国亟须抓紧时机通过商签区域贸易协定冲破美国经贸封锁，扩大贸易联系，赢得对外经济发展战略空间。CPTPP 横跨亚太，现有成员国来自亚洲、大洋洲和拉丁美洲，还有英国等众多国家积极寻求加入，其在坚持自由贸易、反对贸易保护主义的立场与我国一致。综合研判，应把 CPTPP 视为我国构建对外经贸合作新格局、把握战略主动的重大机遇。

# 战略展望篇

# 第十一章

# 我国经济发展面临的外部挑战和应对策略

国际金融危机爆发后，全球格局大发展大变革大调整态势更加显现，新兴市场国家和发展中国家崛起速度之快前所未有，新一轮科技革命和产业变革带来的新陈代谢和激烈竞争前所未有，全球治理体系与国际形势变化的不适应、不对称前所未有。概言之，当今世界正处于百年未有之大变局，世界格局调整正在迈向前所未有的广度与深度。展望"十四五"乃至更长时期，我国发展面临的外部环境更加复杂严峻，在迎来重大机遇的同时，挑战的多重性和艰巨性前所未有。为此，须准确把握百年未有之大变局下我国发展外部环境的趋势性和实质性变化，客观分析我国经济发展面临的外部挑战，在应对挑战中创造机遇，在参与全球竞争与合作中主动塑造于我国有利的国际秩序，不断提升国际竞争力和全球价值链分工地位，为建设社会主义现代化强国、实现中华民族伟大复兴奠定坚实基础。

## 第一节　百年未有之大变局的内涵及主要特点

从当前及未来一段时期看，世界政治、经济、军事、科技、文化等各个领域正在发生深刻调整和突破性进展。站在我国发展的历史方位，从历史观、大局观和角色观对发展外部环境重大变化和发展趋势判断，我国正面临百年未有之大变局。从内涵看，百年未有之大变局可概括为并行交织的三大变革进行时，即国际力量对比新态势正在推动国际秩序发生革故鼎新的大变革，新一轮科技革命和产业变革正在推动国际经济格局从渐变步入突变，国际发展合作新理念及其践行正在成为推动人类文明发展的新源泉。百年未有之大变局主要体现以下几大特征。

## 一、国际力量对比发生深刻变化，中美大国博弈成为重塑国际秩序的核心推力

### （一）2008 年国际金融危机推动世界经济格局深度演变，新兴经济体和发展中国家群体力量发生质的跃升

根据国际货币基金组织数据，按购买力平价测算，2013 年新兴市场和发展中国家经济总量占世界比重首次超过发达国家升至 56.4%，2017 年升至 58.7%。新兴经济体成为引领全球经济增长的强有力引擎，麦肯锡 2018 年 11 月份的一份研究成果显示，近 50 年中印等 18 个新兴经济体占到全球 GDP 增长的 2/3，还贡献了过去 15 年超过一半的新增消费。按名义货币计算，2010 年中国成为全球第二大经济体，2017 年中国占世界 GDP 的 15%，是同期美国的 64%，2018 年升至 66%。自 2006 年以来，中国对世界经济增长的贡献率稳居世界第一位，2017 年贡献率为 27.8%，超过美国、日本贡献率的总和，拉动世界经济增长 0.8 个百分点。

### （二）世界经济中心和全球战略中心向亚太转移，战后国际秩序正在发生趋势性改变

随着新兴经济体和发展中国家群体性崛起，国际政治经济秩序加快向非西方化和多极化演变。2009 年匹兹堡峰会将 G20 确定为国际经济合作的主要平台，全球性问题的协调由西方主导的 G7 转向更具代表性的二十国集团；与此同时，新兴经济体制度性话语权提升，2010 年 12 月 IMF 理事会批准于 2015 年实施了的治理和份额改革方案，将超过 6% 的份额转给了富有活力的新兴市场和发展中国家，其中"金砖国家"投票权升至 14.14%，中国投票权从 3.806% 升至 6.068%。随着新兴经济体提升国际竞争力、影响力、塑造力的资源、领域、平台不断增多，对旧国际秩序的权威性和不公平性带来强有力的挑战，而美国等发达国家对旧秩序的掌控力受到削弱，难以获取利益最大化，亦试图通过主导新体系新规则寻求新的主导权。在多方力量推动下，

战后美国主导建立的以联合国体系为核心的国际政治秩序、以布雷顿森林体系和 WTO 为核心的国际经济金融秩序面临大调整大变革。

**（三）中国综合国力和国际影响力迅速崛起，中美博弈成为影响全球大变局的核心变量**

中国崛起为世界第二大经济体，经济实力快速逼近美国。IMF 在 2018 年发布的执董会与中国的第四条磋商报告中预测，在经济增速放缓的前景下，中国只要继续加强市场作用，进一步开放市场，将在 2030 年反超美国成为世界最大的经济体。伴随经济实力上升，中国特色社会主义道路、理论、制度、文化不断发展，为广大发展中国家走向现代化提供了中国智慧和中国方案，"中国模式"国际影响力日益增强。守成大国与新兴大国迎头相撞，中美博弈成为国际秩序重塑的核心变量。特朗普政府已明确将中国确定为战略竞争对手，未来中美博弈将从贸易摩擦向更广泛的经济、政治、军事、意识形态等领域扩展。目前看，尽管全球化遭遇逆流，但国际合作与发展仍是不可阻挡的潮流，世界经济和全球产业你中有我、我中有你的分工格局仍将继续深化，广泛而复杂的全球产业链使中美两国经济不可能完全脱钩，中美博弈仍会管控分歧、围绕竞争合作的主轨道进行。但是，围绕中美大国博弈全球力量将出现分化和组合，发达国家既有合力围堵中国的共同价值观取向，也有借重中国获取更多利益的现实需求；发展中国家与中国经贸合作更加紧密，但在国际秩序的观念、立场和诉求等方面亦存在诸多差异。西方国内出现的国家主义、民族主义和民粹主义深深地影响其对外政策，导致其更具攻击性甚至可能出现战略误判。总体看，新旧秩序更替中不确定性和不稳定性始终存在，一段时期内变局演变为乱局的可能性不能排除。

## 二、新一轮科技革命和产业变革加快孕育趋向成熟，世界竞争格局重构面临关键历史时刻

回顾世界历史进程，每一次科技革命都会引发生产力和产业发生革命性变化，推动人类生产模式、生活模式、交往模式大变革，进而深刻改变世界发展面貌和基本格局。英国抓住第一次工业革命先机，确立了引领世界发展

的生产力优势和制度优势，走上世界霸主地位，建立了庞大的"日不落帝国"，英国产品、制度、文化等受到世界各国的艳羡和拥趸。第二次工业革命后，美国抓住机遇成为科技和产业革命的领航者和最大获利者，一举跃升为世界头号工业强国。第三次工业革命发端于美国，以互联网等为代表的信息技术革命引领新经济革命浪潮，进一步夯实了美国全球霸权地位。与此同时，信息技术革命推动经济全球化深入发展，为后进国家赶超提供了机遇，中印等新兴大国借助后发优势群体崛起，推动世界经济格局向更加平衡的方向发展。当下，21世纪已现端倪的新一轮科技革命和产业变革蓄势待发，人工智能、区块链、量子科技等蓬勃发展，第四次工业革命渐行渐近。虽然美国仍领军技术创新，但中国、印度等新兴国家亦紧追其后，努力向科技产业变革的第一方阵进发。科技改变国运的历史机遇窗口正在打开，新兴市场和发展中国家力图通过发展科技带动产业升级，实现跨越式发展，发达国家则希望凭借固有优势巩固其领先地位。科技竞争愈演愈烈并超越科技本身，蔓延至经济、政治甚至军事领域，对世界竞争格局产生深刻影响。

## 三、国际发展合作理念及实践不断丰富，推动人类文明发展步入新高度

从发展理念看，绿色发展逐渐植入人心。2007年，联合国环境规划署《绿色工作：在低碳、可持续的世界中实现体面工作》首次将"绿色经济"定义为"重视人与自然、能创造体面高薪工作的经济"，2010年，联合国开发计划署提出"绿色经济"新定义，即"带来人类幸福感和社会的公平，同时显著地降低环境风险和改善生态缺乏的经济"。至此，绿色经济内涵扩展至社会系统，发展目标是推动经济发展、环境保护、社会公平的相互协调与平衡，这是人类对自身生产和发展方式的认识革命，是对人类文明观念及实践的重大补充。当今世界绿色发展已成为一个重要趋势，许多国家把发展绿色产业作为推动经济结构调整的重要举措，绿色经济发展势头锐不可当。中国已将绿色发展理念升至为国家战略，生态文明已写入宪法，从理念创新、顶层设计到组织调整、执行实施都取得了重大进展与成就，中国积极推动推动

绿色发展理念融入"一带一路"建设，成为世界绿色经济发展的重要引领者。从未来趋势看，绿色经济将催生大量新技术、新理念、新业态和新社会形态，深刻影响世界经济发展底色。

从合作理念看，构建人类命运共同体得到国际社会广泛认同。人类命运共同体是从人类兴衰存亡的高度出发，提出合作共赢的终极方案。从地域广度看，人类命运共同体超越了家族、团体等国内范围，也超越了双边、区域等国际范围，涵盖了整个人类。从领域广度看，人类命运共同体包含了政治、外交、安全、经济、社会、文化、生态等各个领域，涉及人类生活和国际关系的方方面面。从共同体成员的关系深度看，人类命运共同体超越了利益、责任等范畴，拓展到了"命运"这个最深的层次。构建人类命运共同体的合作理念牢牢占据了人类道义和时代发展的制高点，符合人类社会发展大方向，是推动人类文明发展的新源泉。

# 第二节　百年未有之大变局下我国经济发展面临的外部挑战

百年未有之大变局下，我国经济发展外部环境发生深刻变化。世界经济增长仍处新旧动能转化期，争夺国际市场和国际资本的竞争更加激烈；新一轮科技革命和产业变革仍在孕育期，核心技术突破和广泛产业化应用仍须时日；全球治理主导权之争日趋激烈，贸易投资规则高标准乃大势所趋；全球能源格局发生趋势性变化，我国能源安全和绿色发展面临新条件新要求。中美博弈向经贸、技术和地缘政治等领域蔓延，成为我国外部发展环境不确定性的最大变量。总体看，未来时期特别是"十四五"，我国面临的国际环境更加复杂严峻，经济发展面临六大外部挑战。

## 一、世界经济增长格局深刻调整带来的挑战

### （一）世界经济较长时期仍将呈现低速增长态势
2008 年金融危机以来世界经济步入战后时间最长、复苏最弱的增长周期。

目前看，2017 年世界经济增长 3.8%，应是该轮周期的峰值，未来相当长时间内世界经济增速将呈现缓慢下滑态势。世界银行在其 2018 年 6 月出版的《全球经济展望》中指出，未来十年将是其自 20 世纪 90 年代开始收集相关数据以来经济潜在增速最慢的十年。IMF 预测（参见图 11 - 1），未来五年（2020 — 2024 年）世界经济增速基本维持在 3.6% 左右。其中，发达国家经济年均增速为 1.63% 且 2024 年持续下滑至 1.5%，新兴市场和发展中国家经济增长较为稳定，年均增速为 4.85%。从长周期看，世界经济新旧动能完成转换尚须时日，重大技术革命的应用和生产率跃升开启新增长周期至少还需要 10 年以上的时间，其间受人口老龄化、储蓄率下降、全要素生产率下滑、宏观政策空间大幅收窄等因素制约，未来 10—20 年世界经济增速都难以达到 2008 年金融危机前 10 年 4.2% 的平均水平。据 OECD 预测（2018 年 6 月），2020 年世界经济增速为 3.5%，2060 年降至 2%；图 11 - 2 显示，自 2020 年至 2060 年，世界经济平均增速与前 10 年相比呈现阶梯式下降态势。

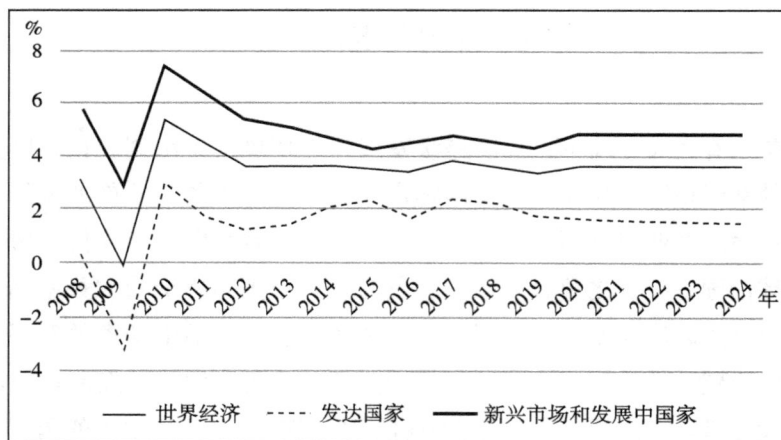

**图 11 - 1　世界经济增长趋势（%）**

资料来源：国际货币基金组织，2019 年 4 月。

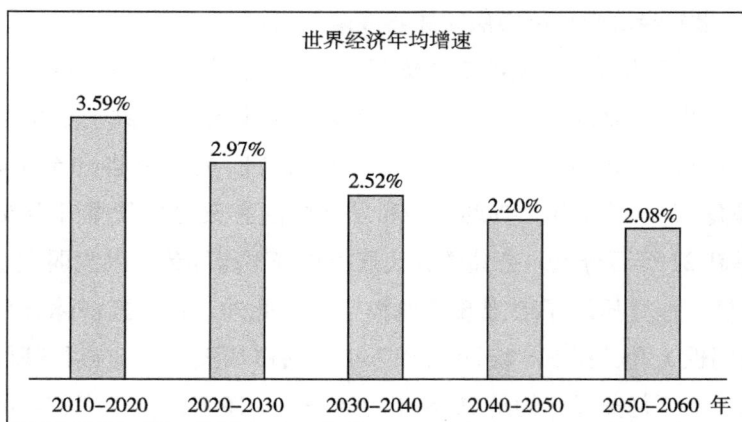

**图 11-2　世界经济年均增速**

资料来源：OECD，作者整理。

### （二）新兴市场和发展中国家经济力量继续快速上升

根据 IMF 预测（按购买力平价计算），2024 年发达国家经济总量占全球的比重将降至 36.5%，新兴市场和发展中国家升至 63.5%。麦肯锡在《领跑全球：高增长新兴经济体及推动其发展的企业》中预计（2018 年 11 月），新兴经济体整体将在 2015 至 2030 年间贡献全球 62% 的消费增长，对应金额高达 15.5 万亿美元。全球经济增长中心继续向亚洲地区转移，2020—2024 年亚洲新兴市场和发展中国家经济年均增速为 6.19%，IMF 认为，亚洲地区在今后十年乃至更远的将来很有希望保持其全球前沿地位。

### （三）国际贸易仍将呈现疲弱态势

根据 IMF 预测，2020—2024 年全球货物和服务贸易量年均增速仅为 3.84%，远低于 2008 年前 10 年 6.8% 的平均增速。"南南贸易"增长潜力巨大，据联合国统计，2017 年南南贸易占全球货物贸易的比重已达 28%。麦肯锡测算显示，新兴经济体之间的商品贸易份额从 1995 年的 8% 增长到 2016 年的 20%。未来看，国际贸易仍将是新兴经济体及后进国家寻求经济增长、推动产业转型、加快工业化进程等的重要动力，数字贸易等新兴贸易给发展中国家带来融入机遇和后发优势，大型新兴经济体在国际贸易中的引领作用增强，将推动南南贸易规模持续扩张。

### （四）世界经济仍可能突然减速甚或陷入衰退

2008 年以来世界经济复苏主要依赖央行极度宽松货币政策以及一些非常规手段，其间无论是发达国家还是新兴市场经济体政府公共债务均达到"二战"以来新高。IMF 预测，2024 年发达国家政府负债率将升至 102%，较 2007 年提高 30 个百分点；新兴市场和发展中国家政府负债率升至 60%，较 2007 年提高 24 个百分点。公共债务大规模扩张不仅导致金融脆弱性上升，挤出私人投资，而且压缩了宏观政策调控空间。此外，新兴经济体外部借贷导致金融脆弱性上升，据 BIS 统计，2017 年新兴市场经济体非银行部门美元债务存量达 3.6 万亿美元，约是 2008 年的两倍，这还不包括规模相当的通过外汇掉期借入的外债。在当前低增长、低通胀、宽货币、高负债的增长模式下，一旦金融周期发生变化，通胀快速上升、货币条件收紧等均可能触发国际金融市场大幅震荡，新兴市场发生金融危机的可能性不能排除。目前看，各国应对危机能力已经减弱，世界经济下行风险仍然较大，未来出现突然减速甚至陷入衰退的可能性依旧存在。

### （五）世界经济格局深刻调整对我国经济发展带来诸多挑战

一是深度拓展外需面临的困难进一步加大。世界经济长期低增长将导致国际市场竞争更加激烈，印度、越南、孟加拉国、柬埔寨、印度尼西亚、泰国、乌兹别克斯坦和埃塞俄比亚等国家正在快速融入全球产业链分工，对我国劳动密集型产品形成替代，未来我国在新兴经济体劳动密集型制造业出口中所占份额可能继续下降（2014 年至 2016 年下降了 3.0 个百分点，麦肯锡），贸易保护主义势头可能增强，我国外部需求环境总体偏紧，出口扩张动能不足，经济持续稳定增长面临压力。二是国际收支平衡面临挑战。在外部需求疲弱的形势下，我国进口压力反而可能加大。随着我国国内市场规模持续扩大，发达经济体和新兴经济体均可能要求我国更大规模增加商品和服务进口，我国经常收支有可能由顺差转为小幅逆差。三是防风险压力加大。国际金融市场脆弱性高企，一旦出现重大动荡，将对我国金融稳定带来冲击，加大了我国防范化解重大风险的压力。世界经济长期低增长将导致国际市场竞争更加激烈，贸易保护主义势头可能增强，我国外部需求环境总体偏紧，出口扩张动能不足，经济持续稳定增长面临压力。

当然，世界经济格局深刻调整亦给我国带来机遇，倒逼我国加快经济增长方式转变，推动外贸高质量发展，稳步推进去杠杆进程，着力防范化解重大风险，推动经济行稳致远。

## 二、新一轮技术革命和产业变革带来的挑战

### （一）数字技术主导的新一轮科技革命和产业变革对国际经贸格局带来全面深刻的影响

当前，数字技术正迅速向各行业扩散和深入渗透，形成了数字经济浪潮；以人工智能为代表的智能技术加速发展，呈现出深度学习、跨界融合、人机协同、群智开放、自主操控等新特征，推动数字技术走向更高水平。目前看，数字技术正在重塑全球产业链，推动国际产业空间布局发生重大变化：数字经济时代对市场的快速反应和生产个性化产品成为企业竞争力的核心，靠近终端用户市场将成为影响投资决策的首要因素；依托数字技术企业可以在国外市场以小得多的体量开展更多跨境业务，一份联合国投资报告指出，对许多跨国公司来说，"通过创造进入市场的新方法，数字经济可以让实体存在变得不那么重要，甚至过时，这可能会导致国际生产的倒退"；随着人工智能在生产上的普及应用，越来越多的劳动力可以被替代，麦肯锡研究发现，"在技术上，工人完成的工作中大约有一半可以实现自动化"，普华永道 2018 年的一项研究发现，到 21 世纪 30 年代中，约有 30% 的职业都有可能被自动化取代，包括 44% 的低教育劳动者，这将导致劳动密集型制造业的重新布局；发达国家更加注重振兴制造业，特朗普政府正努力通过"美国优先"政策振兴和保护钢铁、铝、汽车等传统工业部门，《德国工业战略 2030》目标之一是到 2030 年逐步将工业在德国和欧盟的增加值总额（GVA）中所占的比重分别扩大到 25% 和 20%，并提到保持一个闭环的工业增值链是非常重要的，这些举措会进一步引发制造业回流。

### （二）各国纷纷围绕人工智能进行战略布局并将 2030 年作为一决胜负的关键节点

2016 年 9 月咨询公司埃森哲发布的报告指出，通过应用人工智能技术，

到 2035 年，美、日、英等 12 个发达国家年经济增长率平均可翻一番；2018
年麦肯锡发布的研究报告则表示，到 2030 年，人工智能新增经济规模将达 13
万亿美元，其对全球经济增长的贡献可与其他变革性技术如蒸汽机相媲美。
可以说，新一轮科技革命和产业变革中，得人工智能者得天下。为此，各国
均将发展新一代人工智能作为全球科技竞争的核心抓手，加紧积极谋划，围
绕核心技术、顶尖人才、标准规范等强化部署，努力在新一轮国际科技竞争
中掌握主导权。2019 年 2 月 11 日，美国总统特朗普正式签署行政命令《美国
人工智能（AI）倡议》（American AI Initiative），从研发、AI 基础设施、AI 管
理、劳动力以及国际参与等方面推进人工智能（AI）产业发展。2019 年 2 月
5 日，德国公布《德国国家工业战略 2030》，认为人工智能的应用是自蒸汽机
发明以来最大的突破性创新，强调德国需要利用 AI 技术保住全球工业地位。
2019 年 1 月 16 日，韩国科技通信部发布《数据及人工智能发展规划》，宣布
加大对 AI 的投资力度，使韩国在 2030 年成为全球数据及 AI 的领头羊。此前，
英国、日本、法国、俄罗斯等均已在数字经济和人工智能专项领域进行了战
略布局和组织实施。

**（三）我国面临的主要挑战**

1. 时间紧迫。2017 年 9 月国务院正式下发《新一代人工智能发展规划》，
规划要求中国必须在 2030 年左右抢占人工智能全球制高点。与此同时，主要发
达国家均将关键时间节点定在 2030 年，决出胜负的时间只有十年。目前无论是
基础科学还是前沿技术，我国总体上还是处于"追赶"状态。美国在人工智能
发展能力方面仍然领先，我国在部分领域如自动驾驶汽车、图像和人脸识别、
应用程序开发等处于领先地位，但在主要人工智能领域还不是技术领导者，也
不是大多数基础性创新的来源，抢夺全球技术制高点任务艰巨，时间紧迫。

2. "卡脖子"风险。当前我国集成电路、基础软件、互联网、高端生产
装备、新材料等多个领域的一些关键技术与核心产品依赖进口，据美国智库
战略与国际问题研究中心（CSIS）发表报告说，中国使用的半导体产品只有
16% 是在国内制造，真正由中国公司生产的只有 8%。随着人工智能之争升至
国家战略，发达国家可能对我国实施更加严格的出口管制，甚至禁运部分核
心零部件的可能性不能排除，这不仅会阻滞我国技术追赶和跃升的步伐，还

会冲击我国产业链安全和供应链安全。比如，在关系国计民生的基础设施和信息系统中，大量使用进口的芯片、软件和控制系统，一旦被"卡脖子"，就难以保障设备和系统的安全稳定运行。

3. *产业发展面临多方竞争。*印度、越南等新兴国家正在积极融入全球价值链，在劳动密集型加工组装环节与我国竞争关系日益加剧。发达国家更加注重夯实工业基础，利用新技术提升传统制造业竞争力，我国面临部分中低端劳动密集型制造业逐渐被替代、中高端制造业回流发达国家的挑战，对技术创新和产业转型升级带来较大负面影响。

4. *数字化治理能力准备不足。*数字技术的广泛采用给国家安全和个人隐私问题带来很多新挑战，自动化、人工智能和其他领域的技术创新威胁着大量当前的工作机会，范围既涵盖技术工人，也包括白领服务阶层，可能引发诸多社会问题。新的金融技术如数字货币、"区块链"交易技术的应用、人工智能和用于预测分析的大数据等将重塑金融生态，对系统稳定性和关键性金融基础设施的安全性可能会产生重大的潜在影响，当前我国在数字化治理领域的立法、政策、手段等准备均显不足。

不过，面临挑战的同时，我们同样面临百年未有之机遇，在新一代人工智能领域，我国在部分技术及应用位居世界前沿，在很多未知领域与发达国家处于同一起跑线，发达国家对我国技术限制和围堵倒逼我国更加坚定地走自主创新之路，下大力气突破关键核心技术，依托海量数据和巨大市场应用规模优势，加快培育人工智能创新产品和服务，推进人工智能技术产业化，形成科技创新和产业应用互相促进的良好发展局面，推动我国科技跨越发展、产业优化升级、生产力整体跃升。

## 三、国际贸易投资规则深刻变革带来的挑战

### （一）全球贸易新模式对国际贸易投资规则提出变革需求

进入 21 世纪以来，随着经济全球化深入发展，国际分工日益深化，全球化产业链、供应链、价值链加快形成，国际商品贸易由产业间贸易转向产品内贸易，零部件、原材料等中间品贸易占货物贸易的比重已超过 70%。与此同时，

以全球价值链为纽带，货物贸易、投资、服务贸易日趋融合。由此，全球贸易模式已发生根本变化，对相关市场的经济制度、营商环境、竞争规则提出新要求，以自由贸易和消除壁垒为指向的 WTO 多边贸易规则出现适应性不足。

**（二）区域贸易协定引领构建全球贸易投资新规则**

2000 年以来，由于 WTO 多哈回合谈判屡屡受挫，越来越多的成员国转向区域贸易合作（参见图 11-3），截至 2019 年 5 月，向 WTO 通报并生效的区域贸易协定（RTAs）有 472 个。以美国为主导的发达国家，在其签订的 FTA 中逐步将原产地规则、环境、劳工、知识产权、市场开放等标准提高，同时加入国有企业、电子商务等新议题。2008 年国际金融危机以后，美国推出"3T"谈判策略即跨太平洋伙伴关系协定（TPP）、跨大西洋投资与贸易伙伴关系协定（TTIP）和服务贸易协定（TISA），辅之美式 BIT（双边投资协定）范本，逐渐酝酿勾勒出新一代国际贸易投资规则框架体系。目前看，随着全面与进步跨太平洋伙伴关系协定（CPTPP）、美加墨协定（USMCA）以及欧日经济伙伴关系协定（EPA）、欧加综合经济与贸易协定（CETA）等陆续生效，若美日、美欧双边贸易协定谈判达成协议，美国主导制定的新一代国际贸易投资规则将通过区域和双边协定的合纵连横从碎片化逐渐走向多边化。

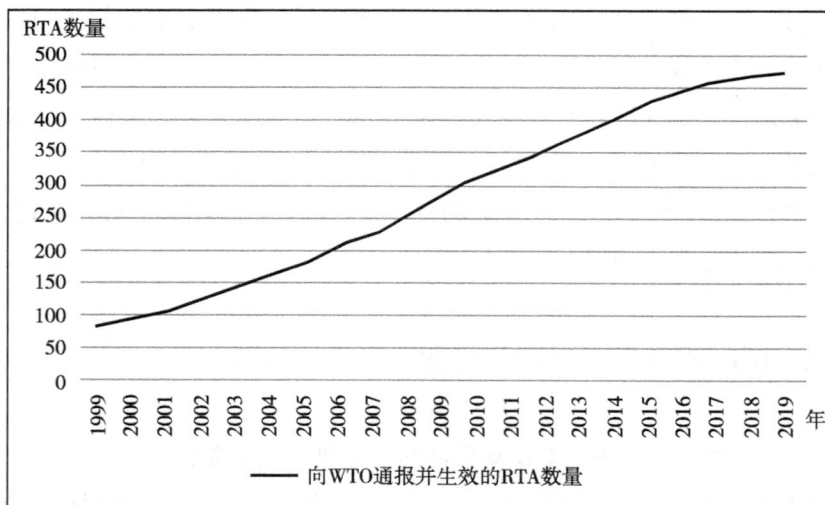

**图 11-3　向 WTO 通报并生效的 RTA 数量**

资料来源：世界贸易组织统计。

**（三）发达国家主导的国际贸易投资规则以"公平贸易"为核心理念以"三零"为目标取向**

除传统贸易投资议题外，新规则还涵盖了知识产权、环境、劳工、监管一致性、国有企业和竞争政策、反腐败等边境后议题，试图规制成员方边境内的体制和政策措施，消除贸易和投资壁垒，使外资获得"公平"的竞争机会和市场资源。新规则更加注重实施机制的构建，为保障相关措施的落地，新规则制订了严格的纪律要求。如，引入"棘轮条款"以保证开放水平不回撤，引入投资者东道国争端解决机制（ISDS）赋予外国投资者直接将争端诉诸第三方程序和国际仲裁的权利，将劳工和环境问题与贸易制裁挂钩等。不过，在新一轮国际贸易投资规则变革中，推动市场进一步开放、削减贸易与投资壁垒仍是基本方向和核心。TPP/CPTPP、CETA、USMCA、EPA 等均推动更高水平的市场准入和规则标准，如，取消占贸易额99%的进口产品关税，服务投资领域采取负面清单的开放模式，在知识产权、环境、劳工、国有企业等领域制订高标准等。从未来发展趋势看，随着美国不惜以贸易战相逼的激进方式推动双边贸易谈判，围绕"公平贸易"的核心理念与基本原则，发达国家主导的国际贸易投资新规则将直指零关税、零壁垒、零补贴的"三零"目标。

**（四）我国面临的主要挑战及机遇**

1. 实施自贸区战略的紧迫性和难度加大。国际贸易投资规则变革强化了区域经济一体化潮流，我国商签高标准自贸协定的步伐相对滞后。当下，日本主导的 CPTPP 成功签署后积极寻求扩容，我国大力推动的 RCEP 未能按预期达成协议，由于 CPTPP 与 RCEP 成员国重叠较多，其生效后不仅会降低这些成员国对 RCEP 达成协议的迫切性，还促使部分成员国如澳大利亚、新西兰等寻求将 CPTPP 的条款引入 RCEP，使 RCEP 谈判更加复杂化。随着 CPTPP 加快扩容步伐，RCEP 无论在规模上还是规则标准方面都可能滞后，在引领亚太经济融合、实现北京路线图（FTAAP）的路径选择方面 CPTPP 已成为 RCEP 的强劲对手。若未来美国在美日、美欧等双边贸易协定中引入针对"非市场国家"的"毒丸条款"，我国与发达国家商签自贸协定的路径基本上就被堵死了。

2. 被全球价值链部分边缘化的风险上升。中美经贸摩擦长期化加大了我国内投资环境的不确定性，已促使数量可观的在华外企迁往越南、泰国、马来西亚等东南亚国家。即使中美达成贸易协议，企业仍会把"中美长期冲突"作为未来营运的重要考量，加速转移中国的生产线和供应链。在这种形势下，如果 CPTPP 扩容后纳入韩国、中国台湾、印尼等，亚太供应链可能在其框架内重构，吸引在华外企甚至部分中企加快外迁以加入新的产业分工布局。受此影响，我国依托东亚产业链建立起来的全球供应链可能被拦截或者替代，若我国不能尽快在技术、品牌、高端零部件等领域形成新优势，降低与亚太各国，特别是东盟之间的贸易投资壁垒，我国在全球价值链中的位势可能受到巨大冲击，未来升级路径也将受到挤压，甚至存在被边缘化的危险。

3. 国内经济体制面临重大挑战。发达国家力推的国际贸易投资规则诸多议题尤其是边境后议题对我国的市场开放和体制机制改革带来巨大压力，特别是国有企业、劳工、监管一致性、数据自由流通等规制不仅涉及经济体制改革，而且事关我国社会主义市场经济体制的属性以及社会管理，高标准贸易投资规则针对的正是我国经济体制的短板，如果掌控不好节奏和力度，相应调整可能会超出我国国企业和经济的承受能力。

当然，国际贸易投资规则变革也给我国带来机遇：一是倒逼我国进一步深化改革开放，从过去的商品和要素流动型开放向规则等制度型开放加快转变。二是加快推进自贸区战略，团结发展中国家凝聚共识，以"一带一路"为依托，构建以我国为主导的高标准贸易投资规则体系。

## 四、全球经济治理体系加速变革带来的挑战

### （一）全球经济治理体系加快变革

2008 年金融危机后，G20 取代 G7 成为国际经济合作主要平台，新兴市场和发展中国家在 IMF 和世界银行中的代表性和话语权提升，人民币被纳入 IMF 特别提款权（SDR）货币篮子，《巴黎气候变化协定》签署，联合国《2030 年可持续发展议程》启动，金砖新开发银行、亚洲基础设施投资银行、"一带一路"峰会等成为全球经济治理的有力补充。

**（二）WTO 改革已成为全球经济治理的核心议题和大国博弈的主战场**

多哈发展回合谈判历时近 20 年之久，除 2015 年达成《贸易便利化协定》等少数几项新协定之外，在货物贸易、服务贸易、反倾销、反补贴以及贸易新议题等核心领域毫无建树，显示出 WTO 已难以适应全球经济发展现实需求，改革 WTO 的呼声日趋强烈。2017 年特朗普政府上台后，美国以退群、发起贸易战、双边谈判、高筑外资安全审查围墙等手段重塑美国竞争优势，在全球经济治理方面，采取逼停 WTO "先破后立"的方式重塑美国在多边贸易体系中的霸权地位，美国的颠覆性行为将 WTO 改革推到了全球经济治理改革的风口浪尖，发达国家以及部分发展中国家纷纷通过提交改革方案、发表立场声明等方式，加紧抢夺新一轮规则主导权和话语权。综合各方立场和建议看，WTO 改革将围绕四核主要领域展开激烈博弈。

1. 争端解决机制。美国认为争端解决机制存在诸多弊端，核心在于上诉机构存在严重"越权"、效率低下、干涉 WTO 成员的国内法、将报告当作裁决先例和依据等问题，导致争端解决机制不合理、不公正，为此美国多次阻止 WTO 的上诉机构新任法官遴选程序，致使争端解决机制几近瘫痪。从改革出发点看，美国目的在于减少争端解决机制对其约束，但美国尚未提出具体方案。欧盟、加拿大从提高争端解决机制效率出发，同时充分考虑美国的关切，提出了针对性解决方案，目的是化解美国对 WTO 的不满，避免争端解决机制瘫痪。在解决上诉机构危机、推进争端解决机制改革方面，欧盟方案相关措施已获得日本、加拿大、澳大利亚、新西兰、挪威、瑞士、韩国、新加坡、巴西、墨西哥、智利、肯尼亚、中国、冰岛、印度等国的广泛支持。

2. 贸易谈判和发展问题。美欧日基本达成共识，针对贸易扭曲行为强化规制，维护"公平竞争"，消除政府补贴、国有企业不公平竞争、强制技术转让和本土成分要求等"扭曲市场"和"保护主义"行为。打破协商一致原则由来已久对谈判达成协议的限制，以"灵活的多边主义"在电子商务、国内服务监管、投资便利化、中小微型企业议题等领域推进诸边谈判。重新定义"发展中国家"标准，呼吁 WTO 中声称拥有发展中国家地位的"发达成员"在 WTO 谈判中作出全面承诺。改革发展中国家享有特殊和差别待遇的合规条件。

3. 强化 WTO 监测和监督职能。针对未能遵守通报义务的成员实行"向 WTO 缴纳更多的会费"直至"停止活动资格"等严厉惩罚。

**（三）中国成为 WTO 改革的矛盾聚焦点**

2019 年 1 月 16 日，美国向 WTO 总理事会提交了《一个非歧视的 WTO：自我宣称发展水平带来机制失效风险》的提案，指责不少"自我宣称为发展中国家的发达成员"，以发展中国家地位为借口逃避了减让关税、削减补贴等责任，导致多哈回合非农产品市场准入谈判、农业谈判、贸易与发展谈判委员会特别会议谈判等的艰难甚至失败。美国驻 WTO 大使丹尼斯·谢伊指责中国的贸易扭曲、非市场经济制度与开放、透明、可预测的国际贸易体系不兼容，中国的"不公平贸易行为"让美国等 WTO 成员利益长期受损，直指中国是 WTO 当前危机的主要"震源"。从美欧日针对贸易扭曲行为的所谓共识以及重新定位发展中国的提案看，针对中国的意向非常明确。

**（四）WTO 在国际经济治理中的前景堪忧**

2019 年 WTO 上诉机制面临停摆危机，各方亟须在上诉机构遴选程序、案件审理期限、专家组权限等争端解决机制问题上取得共识，保障 WTO 正常运转并进行后续改革。如果在这个问题上卡住，WTO 机制将名存实亡。即使这个问题能够在欧盟方案基础上达成妥协，下一步有关贸易谈判方式、发展中国家定位、贸易投资新规则等协调难度更大，目前中美立场几乎处于全部对立的状态。目前看，美国意欲通过双边和诸边谈判打造"美国优先"的贸易投资规则，美国的《2019 年贸易政策议程及 2018 年度报告》明确指出，未来贸易协议将以 USMCA 为范本，将劳工、环境保护、货币操纵、知识产权和数字贸易等纳入谈判。未来看，这些议题即使能够达成诸边协议，若让 164 个发展水平差异极大的成员协商一致接纳成为多边规则几无可能，多哈回合谈判就是例证。可以预见，在这个过程中，区域贸易协定、诸边协议将成为主要成员国的优先选择，WTO 作为多边贸易体制的权威性和有效性将受到进一步削弱。

**（五）我国面临的挑战**

1. 在舆论上较为被动。自 2017 年以来，美国通过国内国际舆论将中国描述成导致 WTO 多边贸易体制失效的主要原因，并联合欧盟日本等发达国家将其301调查中针对中国的指责移植到WTO规则改革诉求中，从舆论上将中国推到WTO改革的震中。WTO改革从本质上就是权利和义务的重新分配，美国意图使中国承担更多责任，打着"公平公正"旗号从道义上给中国施加压力。我国虽然有所回应，但总体看还是略显被动。

2. 行动上缺乏盟友。迄今为止，WTO改革舆论风向、实施方案仍是美欧日等发达国家主导，他们合纵连横逐步扩大同盟圈和共识圈。我国虽然与欧盟等就争端解决机制改革提出方案，但在核心议题如发展中国家地位、贸易扭曲等方面尚未与广大发展中国家达成共识、结成同盟。如，按照美国提议标准，有30个多个经济体应被取消发展中成员地位。但从回应看，仅中国、印度、南非、玻利维亚、委内瑞拉等10个发展中成员国联手对美国提案提出反驳意见，多数相关经济体作壁上观，长期以来在WTO中以发展中国家领导者自居、在农业谈判中牵头组建"农业谈判20国集团"（G20）的巴西则宣布在WTO谈判中放弃特殊与差别待遇，拉美主要国家包括阿根廷、哥伦比亚、墨西哥、巴拿马、巴拉圭、乌拉圭、秘鲁和智利等在发展中国家地位和"特殊差别待遇"问题上均模棱两可。同样在其他议题上，包括非市场经济问题，部分新兴经济体与我国诉求差异较大，美欧日把诸多改革议题指向中国意在分化离间我国与发展中国家的合作，进一步弱化我国话语权和规则主导权。

3. 与发达国家在部分领域的立场和诉求难以调和。如，美欧日屡次提到要"制定有效规则解决国有企业扭曲市场的行为"，虽然在部分规则领域，国有企业可以适用竞争中性，但在宏观层面，我国与发达经济体对待国企在国家治理中的地位和功能存在巨大差异，涉及我国的基本经济制度问题，不可能接受发达国家对国有企业的规制诉求。关于发展中国家地位问题，无论从经济现实看还是从外交需求看，我国都须坚持发展中国家的定位，现阶段以我国经济实力和产业基础，很难承担与发达经济体同等水平的WTO关税减让、强制性减排和对外援助等国际义务，可能对国内市场和产业安全产生冲击，也带来额外的财政负担。其他像电子商务、数字经济等议题也存在一些与国家安全可能冲突的地方，对发达国家的诉求须有所保留。

不过，WTO改革也使我们认识到中国规则话语权的弱势，倒逼我国在进一步推进改革开放和提升国际竞争力的基础上，增强国际规则制定和引领能力、协调多边组建联合阵营的行动能力以及改善全球经济治理的影响力。

## 五、国际货币金融体系动荡调整，我国金融改革开放面临形势更加复杂严峻

### （一）发达国家货币政策溢出效应更加显著和复杂

2008 年金融危机后，主要国家央行联手降息、实施超常规宽松货币政策，在有效阻止世界经济陷入大萧条的同时，也使全球各经济体的债务杠杆高居不下。据国际金融协会（IIF）报告显示，2018 年第三季度全球债务总规模为244 万亿美元，占 GDP 比重达 318%，接近 2016 年第三季度创下的历史最高水平 320%。2015 年底美联储启动加息周期，尤其是 2018 年加快升息步伐，阿根廷、土耳其、俄罗斯等国金融市场动荡不断，印度、南非等国也暴露出潜在的金融风险和隐患。截至 2019 年 5 月底，美联储资产负债表规模仍高达3.9 万亿美元，远远超过 2007 年底的 8735 亿美元。对美联储来说，无论以何种节奏和力度，缩减资产负债表收紧流动性都将是一个必须完成的任务；对于主要国际货币发行国家，英国央行已于 2017 年 11 月启动加息进程，欧央行和日本仍维持宽松货币政策。在世界经济低速增长形势下，发达国家央行以不同节奏、不同力度收紧货币政策，全球风险偏好与货币政策正常化进程交互影响、货币政策"溢出"和"溢回"相互碰撞将给全球金融体系带来复杂影响，新兴市场和发展中国家金融市场的稳定性面临更加严峻的挑战，发生货币危机的波及面可能扩大。据中金公司的一项研究显示，按照全球流动性收紧趋势以及对流动性的测算，新兴市场货币危机持续时间将会非常长，或持续十年，印度、印尼、南非等都可能受到进一步波及。

### （二）跨境资本流动组合发生深刻变化

跨境资本流动总额（外国直接投资、债券和股票购买以及贷款和其他投资）自 2007 年峰值大幅度下降，其占全球 GDP 的比例已经回到 20 世纪 90 年代后期的水平。其中，跨境贷款占下降额的 50%，反映了美欧国际银行海外业务的大幅回撤。根据金融数据和分析提供商 Dealogic 提供的数据（2017

年），自危机以来，欧洲银行已经剥离了超过 2 万亿美元的资产，如德国三大银行在危机前总资产中有 2/3 都在国外市场，该比例已缩小到 1/3；美国银行的国际化程度一直远远低于欧洲国家，但一些银行也在削减国外业务，如花旗集团 2007 年零售银行业务遍及 50 个国家，2017 年缩减至 19 个。未来看，随着银行监管和股东审查的日趋严格，欧洲和美国的银行退回到本国市场或转向母国周边区域的趋势不会改变，跨境贷款在跨境资本流动中的比例将保持较低水平。与此同时，外商直接投资占跨境资本流动的比例已从 2007 年之前的 26％ 上升到了 54％（IMF，2017），股票和债券混合投资组合占危机以来总资本流动的 40％ 以上。总体看，跨境资本流动格局的变化有利于促进跨境金融资本流动趋向稳定，但资本流动总量仍然不稳定，可能给发展中经济体带来巨大的汇率波动，增加全球金融体系触发金融危机并相互传染的风险。

**（三）全球货币金融治理面临多重挑战**

一是全球金融监管协作有所弱化。2008 年金融危机后，金融监管体制改革成为全球金融治理的核心内容，在 G20 力推下，金融稳定委员会（FSB）作为新的部门统领全球范围内的金融监管协调，各国积极落实防范系统性金融风险、加强宏观审慎管理以及充分保护金融消费者权益等核心要素。自2017 年年以来，有迹象显示各国就金融危机后监管目标和方式所达成的共识正逐渐削弱，全球标准并未得到完整实施，且在各个管辖区的实施情况也不一致，以美国为代表的部分国家出现放松对本土机构监管，同时加大对外资银行监管力度的趋势。未来看，随着特朗普政府"美国优先"以及各国民粹主义抬头，全球货币和金融合作将面临更多阻力，全球金融监管可能进一步趋向碎片化。二是金融科技带来新风险。当前，金融和科技深度融合步入新阶段，数字化平台、区块链和机器学习等新金融技术的日益广泛使用越来越多地参与到跨境金融当中，将加速资本流动，增强风险隐蔽性和强化相关风险的传染性，可能成为威胁全球金融稳定的重要因素。目前看，对金融科技的监管在各国还是一个新课题，一些监管机制创新如英国提出的"沙盒监管"计划得到了各国监管者的积极响应，美国、新加坡、澳大利亚等国已经采用并在不断健全完善沙盒监管计划，但总体上仍缺乏平衡创新与风险的有效监管手段。从全球范围看，当前对金融科技的监管缺乏全球统一标准，对金融科技跨境展业监管合作应对不足，如何在数字化格局中建立风险、监管和控制框架已成为全球金融治理面临的重大挑战之一。

### （四）全球"去美元化"出现新潮流

2017 年以来，俄罗斯为主要代表的央行加大了"去美元化"力度，俄央行外汇储备中美元资产占比由 2017 年的 46.3% 降至 2018 年的 21.9%，同期包括中国和土耳其等国大量减持美债。据 IMF 统计，截至 2018 年第四季度，全球央行外汇储备中美元占比降至 61.7%，为 2013 年以来的最低水平；与此同时，欧元、日元和人民币在外汇储备中的比重都有所上升，其中人民币外汇储备占比升至 1.89%，超过澳元的 1.62% 和加元的 1.84%。此外，2015 年特朗普政府对伊朗重新实施包括禁止用美元与伊朗银行进行交易的贸易制裁，推动多国加快建立美元替代支付系统。德国、法国和英国建立了采用欧元结算的 Instex 机制（目前尚未启用），印度已成功采用一个替代系统与受制裁的伊朗企业进行交易，中俄也已通过各自的替代系统以人民币和卢布而非美元作为结算货币来达成交易，土耳其、巴基斯坦等国积极寻求以人民币结算等。"去美元化"背后是国际货币体系、经贸结构以及地缘政治等共同作用的结果，美元为主的结算体系仍然是大部分国家在国际经贸活动中的选择，上述替代美元支付安排虽不会改变美元在全球贸易中的主导地位，但会削弱美国在全球实施包括制裁在内的政策的能力。

### （五）对我国的挑战

一是美联储货币政策外溢效应对我国外部均衡带来严峻挑战，在国内经济下行压力加大、金融风险较高的形势下，加大了"六稳"的难度。

二是国际金融货币体系脆弱性凸显对国内金融体系改革、金融业对外开放等提出更高要求。当前我国金融改革仍处于深水区，金融机构在治理结构、风险控制等方面仍有待改善，金融市场尤其是衍生品市场的深度和广度仍有待增强，金融体系抵御系统性风险的能力仍有待检验。在全球货币金融体系风险高企的情况下，我国协调推进对内改革和对外开放、防止外部冲击引发国内系统性金融风险面对较大压力。

三是数字金融监管亟待完善。得益于巨大的人口基数、市场规模和宽松监管，我国在金融科技的一些细分领域特别是在支付和网络融资方面在全球处于领先地位，但从行业发展的市场条件和技术水平来看我国并无竞争优势。当前一些有远见的国家已着手将其作为本国未来金融业的核心竞争力加以培养和支持，我国在如何围绕金融科技的发展与规范问题完善相关监管政策、在鼓励创新与建立更加稳健的监管框架之间更好平衡、积极推动国际社会共同构建基于数字化驱动的更加灵活的监管标准等方面亟须破题。

当然，全球"去美元化"给人民币国际化带来机遇，有助于在面对内外部冲击时从根源上降低金融风险，稳定汇率并避免资本流动过度波动。

## 六、全球能源格局深刻变化带来的挑战

### （一）全球油气供需格局发生颠覆性变化

美国页岩革命彻底改变世界油气工业版图，使其跃升为头号能源强国。据美国能源信息署（EIA）统计，2018年美国原油产量达到创纪录的1096.2万桶/天，较上年增长17%，自1973年以来再次跃居世界首位，原油出口量为200万桶/天，较上年增长67%，覆盖42个国家和地区。由此，世界石油生产呈现沙特阿拉伯、俄罗斯和美国三足鼎立的格局。2009年美国天然气产量超过俄罗斯，成为世界第一大天然气生产国，之后领先得越来越多。2017年，美国在60年之后重新成为天然气净出口国。国际能源署预测，至2025年，美国在全球油气产量增长中的比重会达到一半以上（石油方面占近75%，天然气方面占40%），届时全球近1/5的石油和1/4的天然气产自美国。从油气消费看，以中国、印度为代表的亚洲国家油气消费正快速增长，在全球消费总量中的占比持续上升。据国际能源署估算，到2040年亚洲发展中经济体将占全球能源需求的40%，欧洲、北美仅占20%。中国已成为仅次于美国的世界第二大石油消费国，印度2015年超越日本成为世界第三大石油消费国，预计今后印度石油消费量增速将明显超过中国和美国，在全球消费总量中的占比将继续增加。亚洲在全球天然气消费中的地位同样持续上升，中国已是世界第三大天然气消费国，预计在2030年之前，中国将超过俄罗斯，成为世界第二大天然气消费国。世界油气生产重心西移、消费重心东移的格局演变对油气定价权国际贸易规则、地缘政治等都将产生深刻影响。

## （二） 可再生能源成为能源转型的核心

作为一种更加清洁的能源，可再生能源（包括风能、太阳能、地热能、生物质能和生物燃料）在能源供应多元化发展中尤其是发电领域扮演愈来愈重要的角色。可再生能源一直被公认是未来增长最快的能源。《BP 世界能源展望 2019》认为，核电、水电和其他可再生能源加起来将占到全部新增能源供给的一半，在一次能源中占比在 2035 年将升至 23%；2040 年全球 85% 的能源供给增长来自可再生能源和天然气，其中可再生能源将成为全球最大的发电用能源。

## （三） 全球能源低碳竞争日趋激烈

随着全球能源正在向高效、清洁、多元化的方向加速转型，绿色发展成为各国制定发展战略的重要取向，主要国家都加快了低碳化乃至"去碳化"的能源转型步伐，对低碳国际经济发展模式和相关规则主导权的争夺日趋激烈，以新能源、新材料、新能源汽车等为代表的绿色新兴产业迎来发展契机，绿色消费需求将成为拉动经济增长的新驱动力。世界银行《全球经济展望》指出，如果一个国家能将 GDP 的 2% 用于绿色投资，不仅能在预测范围内实现经济增长的长期目标，还能确保不会对气候变化、水资源短缺和生态系统丧失带来更大的影响，而优先采用低碳、资源节约型做法的国家在未来全球经济中将获得竞争优势。中国已成为全球可再生能源快速发展的引领者。美国 2017 年退出《巴黎气候协定》后，中国与欧盟表示将继续遵守在气候变化领域做出的承诺，还将每年筹集至少一千亿美元协助发展中国家应对气候变化所带来的冲击，中国在应对气候变化方面所做出的努力受到国际社会的尊重和支持；中国积极推动绿色发展理念融入"一带一路"建设，促进"一带一路"沿线国家落实联合国 2030 年可持续发展议程，进一步增强了中国在全球能源治理中的地位和作用。

## （四） 我国面临的主要挑战及机遇

1. 油气对外依存度过高。2018 年原油对外依存度接近 70%，较上年上升 2.5 个百分点；天然气对外依存度 45.3%，较上年上升 4 个百分点。中国继 2017 年成为全球最大原油进口国之后，2018 年超越日本成为全球最大天然气进口国。当前石油和天然气在我国一次能源消费中的比重分别为 18.3% 和

8%，均低于全球平均33%和25%的水平，未来看，我国经济发展对油气能源需求仍具有较高的依赖性，2017年《加快推进天然气利用的意见》明确，到2030年力争将天然气在一次能源消费中的占比提高到15%左右，原油尤其是天然气对外依存度仍将逐步攀升。

2. 进口稳定性面临挑战加大。我国原油进口超过40%来自沙特、伊朗、伊拉克、阿曼等中东地区，俄罗斯占比超过10%，非洲安哥拉和南美委内瑞拉也都是重要进口来源国，天然气进口主要集中在中亚地区，以及卡塔尔、澳大利亚、马来西亚等国家，未来随着亚马尔LNG项目的全面投产和中俄天然气东线管道的建设，俄罗斯在我国天然气进口中的地位会变得更加重要。近年来，中东地区政治分裂、宗教种族冲突愈演愈烈，美国对俄罗斯、委内瑞拉和伊朗实施制裁力度逐步加大，已对我国油气进口稳定性带来较大冲击。长远看，随着美国成为全球重要的油气出口国，能源必将成为中美博弈的重点领域，我国油气进口稳定性面临的形势将更加复杂严峻。

3. 油气进口对国际收支带来压力。根据中国石油经济技术研究院测算，2018年我国进口原油、天然气和成品油共计支付外汇超过3000亿美元，当年国际收支口径统计的货物贸易顺差为4038亿美元（海关统计署数据为3518亿美元）。未来数年我国油气进口量仍将保持较高水平，而货物贸易进出口却朝更加平衡的方向发展，油气进口用汇将是一个巨大的负担，对我国际收支平衡带来较大挑战。

4. 绿色发展面临诸多困难和挑战。我国在全球气候治理中勇于承担责任，积极兑现承诺，污染防治攻坚战取得显著成效，但能源低碳转型仍任重道远，诸多问题包括煤炭去产能、能源结构调整、相关配套基础设施等仍须较长时间逐步解决。在可再生能源领域，虽然近年来我国技术研发水平和创新能力有所提高，但与发达国家相比，基础研究薄弱、研发资金投入不足、自主创新能力不强等问题仍较突出。目前国家可再生能源发展基金来源单一，电价附加征收难度较大，补贴资金发放滞后，一些风电、光伏发电企业出现资金周转困难和亏损等问题。据毕马威测算，如沿用现有的技术、成本以及补贴思路，到2020年补贴缺口将扩大到2000多亿元，而现有的补贴方式将难以满足需要，我国提升低碳产业竞争力、打造产业链高端优势仍面临重大挑战。

全球能源格局深刻变化也为我国带来诸多机遇。我国在能源需求中的地位提升有助于增强国际能源治理中的话语权和影响力，为油气贸易中加快探索推行人民币结算带来机遇。国际能源供求格局偏松有利于油气价格保持相对低位，新能源汽车、氢燃料电池、生物质燃料等一系列新能源技术突飞猛进，新模式、新业态不断涌现，为我国加快推动能源体系向更加清洁低碳、更加安全高效的现代能源体系顺利转型提供了重要的窗口期。

# 第三节　应对外部挑战的策略建议

## 一、促进形成强大国内市场，持续释放内需潜力

在全球贸易增速放缓的大环境下，牢牢把握扩内需这一战略基点，着力发挥消费的基础性作用和投资对优化供给结构的关键性作用，为经济平稳运行提供有力支撑。充分发挥我国市场规模大、潜力足、成长快的优势，积极发展教育、育幼、养老、医疗、文化、旅游等服务业，多渠道增加优质产品和服务供给，推动消费升级。积极发展消费新业态新模式，促进线上线下消费融合发展，促进新兴消费方式普及，增加市场广度，培育消费新增长点。落实好个人所得税专项附加扣除政策，多措并举促进城乡居民增收，增强消费能力。改善消费环境，加强消费者权益保护，健全社会安全网，让群众放心消费、便利消费。进一步加大对短板领域薄弱环节的投资，加快5G、大数据、人工智能、物联网、工业互联网等新型基础设施建设，加大制造业技术改造和设备更新，加大城际交通、物流、市政基础设施等投资力度，补齐农村基础设施和公共服务设施建设短板，加强自然灾害防治能力建设。通过稳定国内有效需求，夯实国内经济自主发展基础，缓冲外需疲弱对经济增长带来的下行压力。

## 二、有序化解各类风险隐患，坚决避免发生系统性、区域性风险

高度防范经济增速超预期放缓引发诸多社会问题，守住不发生大规模失

业的底线。按照坚定、可控、有序、适度要求，通过进一步增强银行系统抗风险能力、加强市场风险监测、建立快速风险处置机制等多种措施增强金融系统的稳定性。把握好结构性去杠杆政策的时、度、效，稳妥处置地方政府债务风险，防范金融市场异常波动和跨市场传染共振。高度重视国际收支变化趋势对跨境资本流动及金融稳定影响，建立预防人民币汇率大幅波动的短期机制与长效机制，严密防范国际金融市场动荡引发系统性、区域性风险。

## 三、紧抓第四次工业革命重大机遇，提升科技创新能力

### （一）发挥人工智能的头雁效应

把增强原创能力作为重点，以关键核心技术为主攻方向，夯实新一代人工智能发展的基础。加强基础理论研究，努力在人工智能发展方向和理论、方法、工具、系统等方面取得变革性、颠覆性突破，确保我国在人工智能这个重要领域的理论研究走在前面、关键核心技术占领制高点。主攻关键核心技术，全面增强人工智能科技创新能力，加快建立新一代人工智能关键共性技术体系，确保人工智能关键核心技术牢牢掌握在自己手里。强化科技应用开发，充分发挥我国海量数据和巨大市场应用规模优势，坚持需求导向、市场倒逼的科技发展路径，积极培育人工智能创新产品和服务，推进人工智能技术产业化，形成科技创新和产业应用互相促进的良好发展局面。加强人才队伍建设。提高公民科学素质，加强科学、技术、工程和数学（即STEM）教育。打造多种形式的高层次人才培养平台，注重创新型复合型人才和高技能技术人才并举，为科技和产业发展提供更加充分的人才支撑。

### （二）加强人工智能和产业发展融合

要围绕建设现代化经济体系，以供给侧结构性改革为主线，把握数字化、网络化、智能化融合发展契机，在质量变革、效率变革、动力变革中发挥人工智能作用，提高全要素生产率。要培育具有重大引领带动作用的人工智能企业和产业，构建数据驱动、人机协同、跨界融合、共创分享的智能经济形态。要发挥人工智能在产业升级、产品开发、服务创新等方面的技术优势，促进人工智能同一、二、三产业深度融合，以人工智能技术推动各产业变革，

在中高端消费、创新引领、绿色低碳、共享经济、现代供应链、人力资本服务等领域培育新增长点、形成新动能。要推动智能化信息基础设施建设，提升传统基础设施智能化水平，形成适应智能经济、智能社会需要的基础设施体系。

### （三）聚焦解决制造业核心技术短板问题

要坚持立足当前和着眼长远相结合，聚焦产业链关键环节，以关键共性技术、前沿引领技术、现代工程技术、颠覆性技术创新为突破口，引导企业加强研发攻关和应用推广；坚持融入全球产业链与提高自主创新能力相结合，加强创新能力开放合作，以全球视野谋划和推动科技创新，吸引和培养高精尖缺人才，提升使用全球创新资源能力，打造开放合作区域高地；坚持市场机制与政府作用相结合，发挥市场对技术研发方向、路线选择及各类创新要素配置的决定性作用，同时强化国家战略引领，引导创新要素更多投向核心技术攻关。加强知识产权保护和运用，形成有效的创新激励机制。大力营造公平竞争的市场环境，提高政策普惠性。

### （四）防范新技术带来的风险

加强技术和安全标准制定，完善严格的监管制度，防范 AI、生物技术等应用对医疗、健康、环境和农业领域可能带来的社会伦理和安全影响。提高金融监管能力，防范包括数字货币、"区块链"交易技术的应用、人工智能等对金融系统稳定性和关键基础设施安全的冲击。加强对职业培训的支持力度，应对自动化和人工智能带来的波及面广泛的结构性失业。

## 四、推动全方位对外开放，培育国际经济合作和竞争新优势

### （一）推动由商品和要素流动型开放向规则等制度型开放转变

加快电信、教育、医疗、文化等领域开放进程，进一步放宽外资市场准入，缩减外资准入负面清单，允许更多领域实行外资独资经营。落实金融等行业改革开放举措，完善债券市场开放政策。加快与国际通行经贸规则对接，提高政策透明度和执行一致性，营造内外资企业一视同仁、公平竞争的法治化、国际化、便利化营商环境。加强外商合法权益保护。赋予自贸试验区更

大改革创新自主权，启动"零关税、零非关税壁垒、零补贴"试点，探索建设中国特色自由贸易港。通过规则等制度型开放增强国内发展环境的稳定性和可预期性，吸引外资持续流入，夯实全球产业链，优化升级价值链，以高水平开放带动改革全面深化。

### （二）加快构建高标准自贸区网络

推动 RCEP 如期达成协议，之后尽快启动扩容进程，以庞大市场潜力吸引更多国家和地区加入，同时尽可能推动 RCEP 向更高水平经贸规则升级。加快推动中国—新西兰、中国—秘鲁等更多自贸区升级，抓紧完中日韩、中国—海合会、中国—以色列等自贸区谈判，尽快启动中国—加拿大、中国—哥伦比亚等重点地区的自贸区谈判。加快推进《中欧投资协定》谈判，争取早日达成一致，并在此基础上将中欧自贸区问题提上议事日程。适时考虑尽早加入 CPTPP，积累高标准条款谈判相关技巧和经验。依托广泛、高标准自贸区网络特别是"一带一路"自贸区网络拓展国际合作，培育国际竞争新优势。

### （三）推动共建"一带一路"

坚持共商共建共享，遵循市场原则和国际通行规则，发挥企业主体作用，推动基础设施互联互通，加强国际产能合作，拓展第三方市场合作。

## 五、积极参与全球治理，提升制度性话语权和国际影响力

### （一）以 WTO 改革为重点，积极参与制定全球经贸新规则

坚决维护多边贸易体制，支持对其进行必要改革，增强其权威性和有效性，维护其在全球经济治理中的地位。联手欧盟推动争端解决机制改革，共同破解上诉机构遴选僵局，推动 WTO 上诉机构维持正常运转。联合尽可能多的发展中国家，同时积极争取发达成员支持，制定以发展中经济体细分为核心的"发展中经济体标准和待遇改革方案"，以坚持发展中国家地位为首选，以坚持不被划入发达经济体为底线，以放弃当前和未来谈判中享受特殊与差别待遇为谈判条件，争取更多谈判权利。鉴于 WTO 更多地可能被用作诸边谈判的平台，支持欧盟"灵活的多边主义"，着力于推动诸边谈判，提高 WTO

谈判的灵活性和效率。积极参与电子商务、国内服务监管、投资便利化、中小微型企业等议题的诸边谈判，提升新规则制定话语权。针对发达国家提出的知识产权、市场准入、政府补贴、国有企业等议题进行深入沟通协商，选择当前与我国改革方向高度一致、亟待取得新突破的领域率先达成协议，为其他相关领域谈判争取更多时间，按照我国深化改革要求、发展阶段及承受能力统筹推进谈判进程。

**（二）着力加强机制建设，更好发挥"一带一路"在国际治理体系中的作用**

一是完善项目发展机制。完善项目评估和遴选机制，加强事中事后监管，推动企业在项目建设、运营、采购、招投标等环节按照普遍接受的国际规则标准进行，同时要尊重各国法律法规，实现项目建设中的各方共赢。二是健全融资保障机制。统筹国际和国内资源、统筹政府和社会资本、统筹直接和间接融资、统筹外币和本币业务，打造互利共赢、多元平衡、风险共担、收益共享的融资机制。针对不同性质项目分类施策，建立健全各有侧重的融资保障体系。让共建"一带一路"成果更好惠及全体人民，为当地经济社会发展做出实实在在的贡献，同时确保商业和财政上的可持续性。三是构建贸易投资便利化促进机制。建立"一带一路"国际贸易和供应链监管合作新模式，加强海关、税收、审计监管等领域合作，建立共建"一带一路"税收征管合作机制，加快推广"经认证的经营者"国际互认合作，推动沿线国家或地区的港口及海关特殊监管区域内监管执法的互助互认、跨境快速通关衔接、供应链发展的协同对接和产业与市场的互联互通。四是打造创新和人才交流机制。共同探索新技术、新业态、新模式，探寻新的增长动能和发展路径，建设数字丝绸之路、创新丝绸之路。继续实施共建"一带一路"科技创新行动计划，同各方一道推进科技人文交流、共建联合实验室、科技园区合作、技术转移四大举措。实施创新人才交流项目，完善形成多元互动的人文交流机制。五是强化安全保障机制。高度重视境外风险防范，将强化安全风险防范机制作为系统性工程，全面提高境外安全保障和应对风险能力。

（三）加强与新兴市场和发展中国家合作，共同提升在全球治理中的话语权和影响力

加强二十国集团机制建设，巩固和提升二十国集团作为国际经济合作的主渠道地位，鼓励和支持新兴经济体和发展中国家借助二十国集团平台更多参与全球经济治理。提升"金砖国家"合作、上海合作组织等机制的合作能级和开放水平，吸引更多新兴市场和发展中国家聚集，就贸易、投资、能源、金融、安全等事物开展密切务实合作；进一步增强我国在全球气候治理中的话语权，推动和引导建立公平合理、合作共赢的全球气候治理体系。客观看待并充分尊重各国在一些问题上的分歧，倡导和而不同，允许各国寻找最适合本国国情的应对之策。发挥负责任大国作用，力所能及为全球提供更多公共产品，完善全球治理体系，贡献中国智慧和中国方案。

## 六、全力保障能源供给安全，深入推动绿色发展

（一）短期着力于增强风险应急能力，长期着眼于能源基本自给

通过贸易和投资推动油气进口来源多元化；以周边地区为重点，积极构建亚洲区域能源一体化市场，加强能源基础设施互联互通合作，共同维护输油、输气管道运输安全；加快石油储备基地建设，加大地下储气库扩容改造和新建力度，加快 LNG 储气设施建设，创新储备方式，规避短期风险；建立能源预测预警模型，完善能源风险应急管理体系。长期应围绕能源自立制定能源发展战略，确立能源基本自给的能源发展战略；深入推进能源体制机制改革，依托大力发展可再生能源、页岩气、清洁煤产业等增强国内能源供应能力，争取用 10 年到 15 年时间做到 80% 以上能源靠自己供应；在油气贸易中加快探索推行人民币结算，积极谋划包括能源产品在内的大宗商品定价权，推动发行人民币计价原油期货合约，逐步奠定人民币定价能源产品基础。把能源作为处理国际关系、国际问题的重要战略要素，积极主动参与国际能源安全、能源政策和能源协调等多边交流与机制；建立牢固的油气合作伙伴关系和国家间战略合作伙伴关系，有效化解潜在的供应中断或供应骤减危机，稳定国际油气市场运行。

**（二）深入推进绿色发展，协同推动高质量发展与生态环境保护**

加快建立绿色生产和消费的法律制度和政策导向，完善绿色发展制度保障，建立健全绿色低碳循环发展的经济体系。构建市场导向的绿色技术创新体系，大力研发应用绿色、节能、低碳、循环、环保、生态技术，让绿色产业、绿色产品的发展具有坚实技术支撑，不断增强创新驱动发展能力。发展绿色金融，开发绿色信贷、绿色保险、绿色债券、绿色基金等绿色金融产品。通过科技与金融的深度融合创新驱动，加强新材料、新能源、新工艺的开发与利用，发展壮大节能环保产业、清洁生产产业、清洁能源产业，加快形成新型绿色产业体系，切实推动经济实现绿色转型。推进能源生产和消费革命，构建清洁低碳、安全高效的现代能源体系。推进资源全面节约和循环利用，倡导简约适度、绿色低碳的生活方式。建立健全绿色发展监管体系，构建智能化资源环境监测网络系统，坚决杜绝以牺牲资源环境为代价换取一时经济增长。未雨绸缪做好新型能源关键材料如钴、锂等战略储备，满足未来新型能源技术的材料需求。进一步凝聚国际共识，推动绿色发展理念融入"一带一路"建设，促进"一带一路"沿线国家落实联合国 2030 年可持续发展议程。

# 主要参考资料

1. 亨利·帕里斯、皮埃尔·佩斯蒂奥和彼得·赛诺《西欧国有企业管理》，东北财经大学出版社，1991 年 3 月版。

2. 世界银行《公有制工业企业成功的决定因素》，中国财政经济出版社，1987 年 6 月版。

3. 经济合作与发展组织《国有企业公司治理：对 OECD 成员国的调查》，中国财政经济出版社，2008 年 3 月版。

4. 杨特《俄罗斯国有企业产权改革的再思考》，《世界经济情况》，2008 年第 7 期。

5. 陈新明《俄罗斯国有经济的规模与效益》，《俄罗斯中亚东欧市场》，2008 年第 10 期。

6. 上海申银万国证券有限公司《他山之石：回望英国国有企业改革》，2013 年 10 月。

7. Ha-Joon Chang《国有企业改革》，联合国经济和社会事业部，2007 年。

8. TPP 文本。

9. ［美］保罗·沃尔克、［日］行天丰雄著《时运变迁——世界货币、美元地位与人民币的未来》，中信出版社，2016 年 10 月版。

10. 中国银行《二〇一七年度人民币国际化白皮书——金融市场双向开放中的人民币》。

11. SWIFT《"一带一路"能否重振人民币国际化》，《人民币追踪》，2017 年 7 月。

12. 中国人民银行《人民币国际化报告》，2017 年、2016 年。

13. 中国银行（香港）《离岸人民币快报》，2014—2017 年第 2 期。

14. 中国人民银行《中国货币政策执行报告》，2017 年第 4 季度。

15. 余永定《人民币国际化的逻辑》，《中国投资》，2014 年第 7 期。

16. 余永定《人民币国际化尚未面临真正考验》，《中国外汇》，2014 年第 10 期。

17. 余永定《从当前的人民币汇率波动看人民币国际化》，《国际经济评论》，2012 年第 1 期。

18. 余永定《人民币国际化应服从资本项目自由化进程》，《新金融》，2015 年第 9 期。

19. 张斌、徐奇渊《汇率与资本项目管制下的人民币国际化》，《国际经济评论》，2012 年第 4 期。

20. 徐奇渊《人民币国际化：概念、争论与展望》，《上海金融》，2015 年第 4 期。

21. 姜波克等《货币国际化：条件与影响的研究综述》，《新金融》，2005 年第 8 期。

22. 殷剑锋《人民币国际化："贸易结算＋离岸市场"，还是"资本输出＋跨国企业"？》，《国际经济评论》，2011 年第 4 期。

23. 中国人民银行《人民币国际化报告》各期。

24. 赫伯特·斯坦《美国总统经济史》，吉林人民出版社，1997 年 6 月版。

25. 杰弗里·法兰克尔等《美国 90 年代的经济政策》，中信出版社，2003 年 7 月版。

26. 美国金融危机调查委员会《美国金融危机调查报告》，中信出版社，2012 年 8 月版。

27. 劳埃德·B·托马斯《金融危机和美联储政策》，中国金融出版社，2012 年 5 月版。

28. 亨利·保尔森《峭壁边缘》，中信出版社，2012 年 4 月版。

29. 马丁·费尔德斯坦《20 世纪 80 年代美国经济政策》，经济科学出版社，2000 年 5 月版。

30. 叶辅靖《美国应对金融危机的措施及对我国的启示》，《亚非纵横》，

2009 年第 1 期。

31. 昌忠泽《作为传统需求管理工具的美国财政政策》,《美国研究》, 2004 年第 3 期。

32. 王桂娟《美国财政制度与政策变迁的简要回顾》,《经济研究参考》, 2009 年第 40 期。

33. ［美］大卫·利连索尔《民主与大坝——美国田纳西河流域管理局实录》, 上海社会科学院出版社, 2016 年 8 月版。

34. 李颖、陈林生《美国田纳西河流域的开发对我国区域政策的启示》,《四川大学学报（哲学社会科学版）》, 2003 年第 5 期。

35. 谈国良、万军《美国田纳西河的流域管理》,《中国水利》, 2002 年 10 月。

36. 汪一鸣《美国田纳西河流域地区综合开发与城镇化》,《世界地理研究》, 2013 年 9 月。

37. 谢世清《美国田纳西河流域开发与管理及其经验》,《亚太经济》, 2013 年第 2 期。

38. 张宇燕等《全球经济治理结构变化与我国应对战略研究》, 中国社会科学出版社, 2017 年 12 月版。

39. 王浩《全球经济与金融治理》, 中央编译出版社, 2017 年 6 月版。

40. ［美］赫伯特·斯坦《美国总统经济史》, 吉林人民出版社, 1997 年 6 月版。

41. ［加拿大］彼得·哈吉纳尔《八国集团体系与二十国集团：演进、角色与文献》, 上海人民出版社, 2010 年 11 月版。

42. 任泽平、罗志恒《任泽平解读：大国兴衰和中美贸易摩擦》,《泽平宏观》, 2019 年 5 月 14 日。

43. 任泽平《大萧条，美国 1929 贸易战启示录》, 2018 年 6 月 27 日，和讯网。

44. 迈尔斯·卡勒（Miles Kahler）《“二战”后全球经济治理与金融秩序》, 外交关系学会《中国经济报告》, 2015 年第 10 期。

45. 刘宏松、项南月《G20 与全球经济治理研究述评》,《国际观察》, 2016

年5月。

46. 潘竞男《从 UN 到 G20——中国参与全球治理的历史与成就》，《中国党政干部论坛》，2016 年 10 月。

47. 张贵洪《联合国、二十国集团与全球发展治理》，《当代世界与社会主义》（双月刊），2016 年 4 月。

48. 李杨、高天昊《从 G7 到 G20：竞争的多边主义与日本的全球经济治理角色》，《外交评论》，2016 年 5 月。

49. 庞中鹏《从伊势 G7 到杭州 G20 ：凸显全球经济治理重要性》，《当代世界》，2016 年 7 月。

50. 林跃勤《全球治理创新与新兴大国责任》，《南京社会科学》，2016 年 1 月。

51. 庞中英《全球治理的中国角色：复杂但清晰》，《学术前沿》，2015 年 8 月。

52. 任琳《全球治理机制视域下的金砖国家合作》，《贵州省党校学报》，2016 年 3 月。

53. 毕海东《全球治理转型与中国责任》，《世界经济与政治论坛》，2016 年 7 月。

54. 李艳君《未来全球治理结构变化趋势及影响因素》，《国际经济合作》，2014 年 12 月。

55. ［澳大利亚］大卫·万斯《中国在 G20 中的新型领导作用与全球治理机制》，《改革经济导刊》，2016 年 10 月。

56. 美国学术论坛《全球视域中的绿色发展与创新》，会议论文集，2012 年 5 月 4 日—5 月 12 日。

57. 经济合作与发展组织《新时代全球背景下的中国》，2015 年 3 月，www. oecd. org。

58. 麦肯锡《数字全球化时代的五个关键问题》，2016 年 11 月 3 日，www. mckinseychina. com。

59. 麦肯锡全球研究院《领跑全球：高增长新兴经济体及推动推动其发展的企业》，2018 年 11 月。

60. 麦肯锡全球研究院《变革中的全球化：贸易与价值链的未来图景》，2019 年 4 月。

61. 国家情报委员会《全球趋势：进步的悖论》，2017 年 1 月。

62. 科尔尼全球商业政策委员会：《2017—2022 年全球趋势研究治理的集中化》。

63. 毕马威《创新发展之道》，2018 年，www. kpmg. com。

64. 毕马威《开放发展之道》，2018 年，www. kpmg. com。

65. 毕马威《绿色发展之道》，2018 年，www. kpmg. com。

66. 亿欧智库《2018 年中国绿色经济发展之路》，www. iyiou. com/intelligence。

67. 宋玮、杨光《美国重塑国际贸易体系路径及未来趋势展望》，中国工商银行研究报告，2018 年第 83 期。

68. 柯静《世界贸易组织改革：挑战、进展与前景展望》，太平洋学报，2019 年 2 月。

69. 陈德铭《全球化下的经贸秩序和治理规则》，国际展望，2018 年 6 月。

70. 陈靓、黄鹏《WTO 现代化改革——全球价值链与多边贸易体系的冲突与协调》，《国际展望》，2019 年 1 月。

71. 东艳《全球贸易规则的发展趋势与中国的机遇》，《国际经济评论》，2014 年第 1 期。

72. 国务院发展研究中心课题组《未来 15 年国际经济格局变化和中国战略选择》，《管理世界》，2018 年第 12 期。

73. BP《世界能源展望 2019 年版》，bp. com. cn/energyoutlook2019。

74. BP《世界能源展望 2017 年版》中国专题，bp. com. cn/energyoutlook2019。

75. 苏珊·伦德、菲利普·哈勒《全球金融体系重建》，IMF《金融与发展》，2017 年 12 月号。

76. 安永《监管如何能跟上科技创新的快速发展?》，《金融监管网络》，2018 年。

77. 普华永道《2018 年中国金融科技调查报告》，www. pwccn. com。

78. State-Owned Enterprise Governance Reform-An Inventory of Recent Chang, OECD 2011.

79. Privatization in the 21st Century: Recent Experiences of OECD Countries Report on Good Practices, January 2009, OECD.

80. Mapping evolutions in public services in Europe: towards increased knowledge of industrial relations, CEEP May 2013.

81. The 7th Meeting of The Asia Network on Corporate Governance of State-owned Enterprises: Professionalization of State-Owned Enterprises, Bandung, Indonesia 3 −4 July 2012 .

82. Policy Brief on Corporate Governance of State-owned Enterprises in Asia, OECD 2010.

83. Held by the Visible Hand, The Challenge of State-Owned Enterprise Corporate Governance for Emerging Markets, The World Bank, May 2006.

84. Corporate Governance of State-Owned Enterprises A Survey of OECD Countries, 2006 OECD.

85. Managing State-Owned Enterprises, Mary M Shirley, World Bank Staff Working Papers Number 577.

86. The Global Competitiveness Report 2013—2014, World Economic Forum 2013.

87. State-owned Enterprises: Trade Effects and Policy Implications, OECD, Trade Policy Paper No. 147, 22 − Mar2013.

88. Privatization in Developing Countries: An analysis of the performance of newly privatized firms, Note Number 156, Novmber, 1998.

89. Privatization Trends: A Sharp Decline but No Widespread Reversals in 2008, The World Bank, May 2010.

90. SWIFT《RMB internationalization: Where we are and what we can expect in 2018》, RMB Tracker January 2018.

91. Juggernaut "How to Make the TVA a Clean Energy", https: //jacobin-mag. com/.

92. James Conca "It's A Horrible Idea To Privatize The Tennessee Valley Au-

thority And Other Public Energy Assets", https: //www. forbes. com.

93. Robert D. Hershey Jr "Economic Scene; T. V. A. at 50: New Criticism", https: //www. nytimes. com/1984/06/01/business/economic-scene-tva-at-50-new-criticism. html.

94. STURI, "Controversy and the Tennessee Valley Authority", https: //www. sutori. com/story/controversy-and-the-tennessee-valley-authority-3gyU9C17i6RxWaRCKWNquoXJ.

95. UKESSAYS "Review The Tennessee Valley Authority And Its Consequences History Essay" https: //www. ukessays. com/essays/history/review-the-tennessee-valley-authority-and-its-consequences-history-essay. php.

96. TVA, https: //www. tva. gov/.

97. ICPR, https: //www. iksr. org.

98. Budget, finance and administration , World Trade Organization Annual Report 2017, www. wto. org/budget.

99. OECD 《THE LONG VIEW: SCENARIOS FOR THE WORLD ECONOMY TO 2060》, OECD ECONOMIC POLICY PAPER, July 2018 No. 22.

100. IMF 《2018 ARTICLE IV CONSULTATION—PRESS RELEASE; STAFF REPORT; STAFF STATEMENT AND STATEMENT BY THE EXECUTIVE DIRECTOR FOR THE PEOPLE' S REPUBLIC OF CHINA 》, July 2018.